胡星铭 著

哲学论证
识别、重构与评估

南京大学『百』层次优质课程建设项目

南京大学出版社

图书在版编目(CIP)数据

哲学论证：识别、重构与评估 / 胡星铭著. -- 南京：南京大学出版社，2024.7
ISBN 978 - 7 - 305 - 28016 - 0

Ⅰ. ①哲… Ⅱ. ①胡… Ⅲ. ①哲学－理论研究 Ⅳ. ①B

中国国家版本馆 CIP 数据核字(2024)第 044729 号

出版发行　南京大学出版社
社　　址　南京市汉口路 22 号　　　邮　编　210093
书　　名　哲学论证：识别、重构与评估
　　　　　ZHEXUE LUNZHENG: SHIBIE、CHONGGOU YU PINGGU
著　　者　胡星铭
责任编辑　施　敏
照　　排　南京南琳图文制作有限公司
印　　刷　南京玉河印刷厂
开　　本　718 mm×1000 mm　1/16　印张 10　字数 153 千
版　　次　2024 年 7 月第 1 版　2024 年 7 月第 1 次印刷
ISBN 978 - 7 - 305 - 28016 - 0
定　　价　36.00 元

网址：http://www.njupco.com
官方微博：http://weibo.com/njupco
官方微信号：njupress
销售咨询热线：(025) 83594756

目 录

序　言

每一个学过一点西方哲学史的人都知道,柏拉图认为存在一个不可见的、没有变化的型相世界(旧译"理念世界")。但为什么柏拉图认为存在这样一个世界? 他的理由是什么? 这些理由成立吗? 我们能否站在他的角度,替他给出更好的理由? 亚里士多德为什么不同意柏拉图的观点? 他的反驳成立吗? 对于柏拉图观点的最强反驳是什么? 我们今天还有好的理由接受柏拉图的观点吗? 很少人能回答这些问题。

有些人不能回答这些问题,是因为他们没有仔细读过柏拉图和亚里士多德。如果他们读过,就能够给出比较好的回答。但另一些人即使读过柏拉图和亚里士多德很多遍,也不能给出靠谱的回答,因为他们缺乏哲学思维。

我写这本书的初衷是帮助读者培养哲学思维。要成为一名优秀的哲学家,跟成为一名优秀的运动员一样,需要严格而系统的专业训练。哲学专业训练的核心项目之一是学习如何识别、重构和评估哲学论证。本书的读者可能或多或少接受过这方面的训练。但我希望这本书能够帮助读者更深入地了解如何识别、重构和评估哲学论证,从而以更好的方式进行哲学思考。

这本书初稿写于 2011 年,读者主要是我在美国福特汉姆大学(2011 年到2015 年)和南京大学(2016 年至今)的学生。大多数学生都做过这本书中的部分习题,少数学生做过全部习题。我根据学生的反馈,前后大小修改此书数十次。2022 年,樊岸奇、李宇泽、童苏彤和余美华协助我将此书翻译成中文(樊岸奇还提供了习题参考答案),并给出了一些很有价值的反馈。在本书写作和修改过程中,我也咨询了陈施羽、迟宇、崇智迪、邓图迅、冯书怡、蒋运鹏、廖彦霖、林钰丰、刘雨轩、马旭雅、史季、王欢、王琦石、王悦、王昕桐、王彦晶、徐召清、于路源、俞泉林和袁永锋等人的意见,获益匪浅。此外,在本书校对过程中,夏梦鹃编辑提出了非常专业的修改建议,帮我避免了不少错误。责任编辑施敏老师一如既往地给予我很多帮助。在此我一并表示感谢。

就我所知,中文学术界尚无专门介绍如何识别、重构和评估哲学论证的书。我希望抛砖引玉,在这本书出版后,看到同行写出更好的同类书籍。

2024 年 3 月 27 日

第一章　什么是论证？

一、逻辑是关于对论证的分析和评估的学科

"逻辑"一词是英文 logic 的音译。[1] 无论是在中文还是英文中，它都有多重含义，可能指：

1. 一种特定的（但不一定是合理的）思考事物的方式。例如，"我没有看出你翘哲学课的逻辑"。你翘哲学课可能有你自己的逻辑，但不一定是合理的。
2. 一种适当的或合理的思考事物的方式。例如，"他说话没有逻辑"。
3. 不同事件前后相续或相互关联的一种方式。例如，"革命按照它自身的逻辑进行"。
4. 一门关于分析和评估论证（argument）的学科。

在本书中，我们将在最后一种意义上使用"逻辑"一词——逻辑是一门关于分析和评估论证的学科。

---

[1] 民国时期，一些学者把 logic 翻译为"论理学"。注意"论理学"与"伦理学"的区别。

"逻辑"这个词源于古希腊语"logos"(λóγος)。古希腊哲学家亚里士多德(公元前384—前322)是形式逻辑的奠基人。两千年后，德国哲学家康德依旧认为亚里士多德的逻辑体系是完备的，没有被改进的空间。直到20世纪前后，亚里士多德的逻辑体系才被现代逻辑取代。现代逻辑的奠基人之一罗素不建议今天的逻辑初学者从亚里士多德的逻辑体系开始学习。他在《做哲学的艺术及其他》一书中说："如果你希望成为一名逻辑学家，我有一个建议：不要学习传统的形式逻辑。这个建议无论如何强调都不过分。在亚里士多德的时代，学习他的逻辑是一项值得称赞的努力，这就像在近代之前学习托勒密的天文学。然而，在今天教授这两者都是荒谬的古董主义。"

二、论证是从前提到结论的推理

在中文哲学语境中，不同的人对"论证"这个概念有不同的理解。有些哲学研究者认为，说清楚一个哲学家思想发展的轨迹，就是给出论证。但这不是我们此处要讲的论证。我们要讲的论证是指一组由前提和结论组成的陈述，其中前提是被（论证的作者）用来支持结论的理由（或证据）。例如：

在张三死前一天，有人看到张三和李四在一个公园里吵架。在法医判定的张三死亡时段，有人看到李四从张三的家里走出来。另外，杀死张三的凶器上有李四的指纹。因此，李四是杀死张三的最大嫌疑人。

这是一个典型的论证，结论是"李四是杀死张三的最大嫌疑人"，其他部分是支持这个结论的理由。又比如：

> 我们不应该吃狗肉，因为狗是人类的朋友，而我们不应该吃我们的朋友。（萧伯纳）

这也是一个论证。其结论是"我们不应该吃狗肉"。萧伯纳用来支持这个结论的两个前提是：1. 狗是人类的朋友；2. 我们不应该吃我们的朋友。①

有时候，一段话包含一个论证，但并非每个句子都是这个论证的一部分。比如：

> 笛卡尔是一位伟大的哲学家。他也是一个虔信上帝的人。他论证说上帝必然存在，因为上帝是完美的。如果一个事物不存在，它就不可能是完美的。这个论证被称为"上帝存在的本体论论证"。它是有效的，而且其前提显然为真。但许多人并没有被这个论证说服。

这段话包含一个论证：(i)上帝必然存在，因为(ii)上帝是完美的，并且(iii)如果一个事物不存在，它就不可能是完美的。(i)是结论，(ii)和(iii)是前提。这段话还包含其他一些句子，但它们并未为"上帝必然存在"这一结论提供任何支持，因此它们不是这个论证的前提。同时，它们本身也不构成一个独立的论证。

---

① 萧伯纳（George Bernard Shaw，1856 年 7 月 26 日—1950 年 11 月 2 日）是一位爱尔兰籍的英国剧作家、评论家、政治活动家和社会改革家。他是现代戏剧的奠基人之一，以其机智的讽刺和深刻的社会观察而著称，代表作有《卖花女》（*Pygmalion*，1913 年）、《圣女贞德》（*Saint Joan*，1923 年）和《武器和人》（*Arms and the Man*，1894 年），等等。他于 1933 年访问中国。

笛卡尔（1596—1650）被誉为现代哲学之父，同时也是伟大的数学家。他认为数学家运用的演绎推理方法适用于所有学科。他在《谈谈方法》与《指导心灵的规则》中建议我们在做研究时遵循四条规则：（1）只接受自明的观点为真；（2）将一个复杂问题分解成若干个简单问题；（3）通过从简单到复杂的顺序解决问题；（4）重新检查推理过程。

三、一些典型的非论证

判断一段话是否包含论证，要看构成这段话的几个句子之间的关系。如果它们之间是前提与结论的关系——其中的一些句子被作者用来作为支持另一个句子的理由（或证据），那么它们就构成论证。否则，它们不构成论证。例如，

老年人相信一切；中年人怀疑一切；年轻人知道一切。（奥斯卡·王尔德）

这三句话没有前提与结论的关系，因此不是一个论证，只是一句有趣的评论。同样，下面这段话也不是论证：

当一个人想要杀一只老虎时，他称之为打猎；当老虎想要杀他时，他称之为凶残。（萧伯纳）

这一段由两句话构成，但这两句话并不是前提与结论的关系。
下面这段更复杂的话也不是论证：

我从不把安逸和享乐看成目的本身（我把这种伦理基础称为猪栏的理想）。照亮我道路的理想是善、美和真，它们不断给我以新的勇气去愉快地面对生活。倘若没有对志同道合者的亲切感，倘若不是全神贯注于那个在艺术和科学研究领域永远达不到的客观对象，在我看来，生活便是空虚的。人们努力追求的庸俗目标——财产、虚名、奢侈——我总觉得是可鄙的。（爱因斯坦）

这是一段鼓舞人心的话，但构成这段话的句子之间并没有前提与结论的关系。

四、反驳也是一种论证

如果一个论证的结论为 p，那么它是支持 p 的论证；如果一个论证的结论为"并非 p"，那么它是反驳 p 的论证。例如：

一些思想是如此深刻以至于它们无法被清晰地陈述。海德格尔的真理理论是不清楚的。因此，海德格尔的真理理论是深刻的。

这是一个支持"海德格尔的真理理论是深刻的"的论证。有人可能不认为海德格尔的真理理论是深刻的，并给出如下论证：

真正深刻的哲学家会说清楚他的思想与前人的区别。海德格尔没有说清楚他的真理理论与前人之真理理论的区别。因此，海德格尔的真理理论并不是深刻的。

这是对"海德格尔的真理理论是深刻的"的一个反驳。

五、糟糕的论证依旧是论证

有时候，一个论证的前提客观上并不支持结论，虽然作者坚信前提为结论提供了好的理由。比如，《神雕侠侣》中的林朝英认为天下没有一个男人是好东西。她可能是这样论证的：

1. 王重阳这个男人不是一个好东西。
2. 因此，天下没有一个男人是好东西。

这是一个论证，因为"王重阳这个男人不是一个好东西"是被用来支持"天下没有一个男人是好东西"的理由：二者是前提与结论的关系。但这显然不是一个好的论证：前提并不支持结论。即使王重阳不是一个好东西，也不意味着其他男人不是一个好东西。

下面这段话也不是一个好的论证：

> 我的医生让我减肥并戒烟。但她自己就是一个过度肥胖的吸烟者，所以我可以不听她的建议，同时又很健康。

其结论为"我可以不听医生让我减肥并戒烟的建议，同时又很健康"。其前提为"我的医生自己就是一个过度肥胖的吸烟者"。"我"认为前提支持结论，可能是因为"我"觉得自身过度肥胖的吸烟者没有资格提出健康建议。换言之，"我"的论证隐含了"自身过度肥胖的吸烟者没有资格提出健康建议"这一前提。然而，这一前提是错误的，因为健康建议并非道德谴责。即使"我"的医生不具备道德上谴责"我"肥胖和抽烟的资格（因为她自己就是过度肥胖的吸烟者），①但作为一个医生，她有资格给我一些健康建议。此外，"我"认为前提支持结论，也可能是因为"我"发现这个过度肥胖且吸烟的医生本人非常健康。换言之，"我"的论证诉诸了"这个过度肥胖且吸烟的医生本人非常健康"这一前提。然而，从这一前提推不出结论，因为即使她很健康，"我"和她的身体状况可能是不同的，肥胖和抽烟对"我"的伤害可能远大于对她的伤害。

作为评估论证的学科，逻辑的主要目标就在于发展出帮助我们区分好论证与坏论证的方法和技术。我们将在下一章回到这一主题。

六、原子论证与复合论证的区分

在一个原子论证中，前提之间彼此互相独立，没有前提被用来支持其他前提。例如：

1. 猪没有知识。
2. 如果知识是感觉，那么猪拥有知识。
3. 所以，知识不是感觉。

这个论证是一个原子论证，因为它的两个前提彼此之间相互独立。前提1不被用来支持前提2。前提2也不被用来支持前提1。

有人可能认为前提1并非显然，并为之提供了进一步论证：

1. 猪不能够说一种简单的语言。
2. 说一种简单的语言对于拥有知识而言是必要的。
3. 因此，猪没有知识。

我们可以把以上两个论证合并起来，做一个复合论证：

---

① 最近有些哲学家质疑这一观点，见 Dover，Daniela（2019）. The Walk and the Talk. *Philosophical Review* 128(4)：387－422。感谢崇智迪的反馈。

1. 猪不能够说一种简单的语言。
2. 说一种简单的语言对于拥有知识而言是必要的。
3. 因此，猪没有知识。
4. 如果知识是感觉，那么猪拥有知识。
5. 所以，知识不是感觉。

这个论证是复合的，因为它由两个原子论证组成：1、2 和 3 组成了一个原子论证，3、4 和 5 组成了另一个。3 既是第一个论证的结论，也是第二个论证的前提之一。

以下论证也是一个复合论证：

1. 如果我们给一个非理性的人自由，他会毁掉自己。
2. 我们应该防止任何人毁掉自己。
3. 所以，我们不应该给一个非理性的人自由。
4. 小孩子是非理性的人。
5. 所以，我们不应该给小孩子自由。
6. 如果我们不应该给小孩子自由，那么我们不应该让小孩子随心所
   欲地玩电子游戏。
7. 因此，我们不应该让小孩子随心所欲地玩电子游戏。

这个论证也是由三个简单/原子论证构成：1、2 和 3 构成一个论证；3、4 和 5 构成另一个论证，5、6 和 7 构成第三个论证。3 既是第一个论证的结论，也是第二个论证的前提之一；5 既是第二个论证的结论，也是第三个论证的前提之一。

一个复合论证至少由两个原子论证组成，其中一个原子论证的结论是另一个原子论证的前提。有时候，要证明一个观点，可能需要一个由成百上千个原子论证构成的复合论证，长达几百页。

此外，有时候我们看到一些论证，看上去既像原子论证，也像复合论证。比如：

1. 我们不应该吃我们的朋友,也不应该为了快乐而猎杀野生动物。
2. 狗是人类的朋友。
3. 老虎是野生动物。
4. 因此,我们不应该吃狗肉。
5. 因此,我们也不应该为了快乐而猎杀老虎。

这个论证其实是两个互相独立的原子论证的简写:

1. 我们不应该吃我们的朋友。 2. 狗是人类的朋友。 3. 因此,我们不应该吃狗肉。	1. 我们不应该为了快乐而猎杀野生动物。 2. 老虎是野生动物。 3. 因此,我们不应该为了快乐而猎杀老虎。

根据定义,两个互相独立的原子论证并不构成一个复合论证,因为其中一个原子论证的结论并不是另一个原子论证的前提。

七、有些推理不是论证

当我们做论证时,我们给出理由(前提)来支持我们的观点(结论),我们不仅相信从前提可以推导出结论,而且相信结论是正确的,并且前提是支持结论的好理由。这与单纯的推理不同。当我们在做单纯的推理时,我们既不认为"前提"是真的,也不认为"结论"是真的。相反,我们仅仅认为"结论"在逻辑上可以从"前提"推出。比如:

若 $x+7=10$,则 $x=3$。

这是一个推理,而不是一个论证。它并不断言 $x+7=10$。同样,下面这段话也是推理而非论证：

> 假设看不到的东西不存在。我们看不到感觉。假设爱是一种感
> 觉，那么爱不存在。

这段话并没有说"看不到的东西不存在"，也没有说"爱是一种感觉"，也没有断言"爱不存在"。

与之相对照，下面这一段话不仅仅是推理，也是论证：

> 若 s 不存在，则 s 不能够怀疑。我能怀疑自己是否在做梦。因
> 此，我存在。

作者不仅仅认为"我存在"可以从"若 s 不存在，则 s 不能够怀疑"和"我能怀疑自己是否在做梦"两个前提中推出，也认为两个前提和结论都为真。

八、论证和解释的区分

不是所有含有"因为"（because）、"由于"（for）、"既然"（since）、"因此"（therefore）等词的段落都是论证。在某些情况下，含有这些词的段落可能是解释（explanation）。

论证是对"相信 p 的理由是什么"这一问题的回答，而解释是对"为什么 p"或"p 的原因是什么"这一问题的回答。为了确定一段话是论证还是解释，很多时候我们需要知道作者的意图。如果你想说服那些不相信 p 的人，你是在为 p 做论证。如果你想帮助那些已经相信 p 的人理解为什么 p，你是在为 p 做解释。比如你说：

　　　　孔子很快乐，因为他将与妻子离婚。①

　　这可以视为一个解释，因为当你这样说时，你似乎假定你的听众已经相信孔子很快乐，但不理解他为什么很快乐。所以你提供了一个解释。但如果你说：

　　　　孔子很快乐，因为他的学生颜回与子路都说他很快乐，而且他们没有理由在这件事上撒谎。

　　这可以视为一个论证，因为当你这样说时，你似乎假定你的听众不相信孔子很快乐。所以你做了一个论证，以说服他们。

　　有些段落既可以被解读为论证，又可以被解读为解释。例如：

　　　　人类有不同的皮肤颜色，这是我们祖先的居住地与赤道相距的不同距离所造成的。肤色与太阳有关。肤色能够调节我们身体对太阳及其光线的反应。深色皮肤被进化出来，是为了保护身体免受过度的太阳光照射。当人们从赤道迁移走，而皮肤中需要维生素 D 时，浅色皮肤被进化出来。因为皮肤必须失去色素才能生成维生素 D。在历史上反复出现这种现象：许多人的皮肤从深色变为浅色，从浅色变为深色。这表明肤色不是一个永久不变的特征。[妮娜·雅布隆斯基（Nina Jablonski），《皮肤的故事》，《纽约时报》，2007 年 1 月9 日]

　　这段话可以解读为一个解释，所解释的是为什么人类有不同的皮肤颜色：当人类开始居住在距赤道不同距离的地方、并因此而需要不同程度的保护来避免太阳光线的损害时，不同的皮肤颜色就演化出来了。我们也可以把这段

---

　　① 传说"孔氏三世出妻"，即孔子、孔鲤、孔伋祖孙三代均跟妻子离婚。司马光《家范》评论说："若妻实犯礼而出之，乃义也。昔孔氏三世出其妻，其余贤士以义出妻者众矣，奚亏于行哉？苟室有悍妻而不出，则家道何日而宁乎？"

话解读为一个论证，其结论是：肤色不是一种永久不变的特征。根据这种解读，这段话最后一句之前的所有命题都可以作为前提（Copi et al，*Introduction to Logic*，Routledge，2014，p.20）。

九、论证、解读和定义的区分

对 x 的解读（interpretation，又译"诠释"）是对"x 意味着什么/说了什么"或"x 关乎什么"之问题的回答。解读的典型对象是文本、符号、图片（包括艺术品）等。比如：

(i)   这幅画画的是鸭子而非兔子。

(ii) 根据柏拉图的《理想国》，当理性占主导地位时，灵魂处于内在和谐的状态。

(iii) 达·芬奇的《蒙娜丽莎》展示了一个女人直立地侧坐在椅子上，她的脸和胸部略微转向观众：这种姿势来源于用以描绘圣母坐姿的"金字塔"图像。她舒适地将左臂放在椅子的扶手上，并以右手握住左臂，其右臂则环绕着她的前胸。她手臂所处的位置略带保护性的意味，这与椅子的扶手一道，在坐者和观者之间创造了一种距离感。

以上三段话都是解读，不是论证，因为论证由前提与结论构成，但以上三段话都没有前提与结论。

对 x 的定义（definition）是对"x 是什么"这一问题的回答。例如："知识是基于好理由的正确看法。"又例如："从词源上讲，本体论是研究存在（being）的学问，是对何物存在的研究。本体论研究者会问：'哪些实体或哪种实体存在？

除了具体的实体，如人、水坑和质子之外，是否还存在抽象的实体，如集合或数字？除了我们所说的被例示的具体实体之外（或者根本不存在被例示的具体实体），是否还存在属性或普遍实体？'历代哲学家在这些问题上争论不休，到今天也是如此。"（SEP, Ontological Commitment）这是一个定义。它告诉我们本体论是什么，但没有给出支持"本体论是研究存在的学问"这一观点的理由。

有时候，解读或定义可以成为论证的一部分。比如，"根据定义，上帝不仅是全能的，也是至善的。一个至善的存在者会尽其所能地消除邪恶；一个全能的存在者所能做的事是不受任何限制的。因此，如果上帝存在，世界上就不会有邪恶。但世界上存在着邪恶。因此，上帝不存在"。这是一个复合论证，利用了基督教对上帝的定义。

十、用清晰的陈述句撰写论证

在日常生活中，人们常常以一种情绪化的、不直接的、不清晰的方式做论证。比如，一个学生对老师说：

> 你给了我 65 分？太失望了！你知道我有多喜欢你的课吗？你知道在这门课上我花了多少时间吗？真没想到是这样一个结果！

这段话可以被解读为一个论证，其隐含的结论是：我应该得到一个远远超过 65 分的成绩。两个隐含的前提是：(i) 我为这门课程付出了很多努力；(ii) 我非常喜欢你的课。

在学术研究中，我们致力于以一种清晰、直接、不带情绪的方式来论证自己的观点。因此，我们通常不用反问句、感叹句或祈使句来表达论证；我们用清楚明白的陈述句。陈述句表达的内容叫"命题"。"Snow is white"、"Schnee ist weiß"、"雪是白色的"、"눈은 하얗다"这四个不同的陈述句表达的内容是一样的：它们表达了同一个命题。

命题有真、假之分。当一个命题符合事实时，它为真；如果不符合事实，则为假。比如，"苏格拉底是一位古希腊哲学家"为真，而"杜甫是《红楼梦》的作者"为假。如果一个命题是真的，那么它的否定一定是假的，反之亦然。比如，"所有乌鸦都是黑色的"这一命题的否定是"并非所有乌鸦都是黑色的"（而不是"没有乌鸦是黑的"）。如果"所有乌鸦都是黑色的"为真，那么它的否定就是假的[①]。

---

① 有些哲学家反对真理的符合论（correspondence theory of truth），也有些哲学家反对"一个命题非真即假，不可能既真又假"这个二值原理（principle of bivalence）。但这里我们不妨先接受符合论和二值原理，利用它们来把握逻辑学的基本概念。当我们对符合论和经典二值逻辑有比较好的理解后，我们可以质疑它们。此外，值得一提的是，符合论依旧是受到最多哲学家认可的理论。根据 2020 年的 PhilPapers 的一次调查，有超过 51％的人接受或倾向接受符合论。其次是所谓的"紧缩理论"（deflationary theory of truth），支持者不超过 25％。其他关于真理的理论（如"融贯论"），支持者就更少了。

第二章　如何评估论证？

一、好论证的三个必要条件

不是所有论证都是好的论证。例如"女人是由上帝用男人的肋骨创造的，因为男人的肋骨比女人的肋骨少一根"。这不是好的论证，因为它的前提为假——男人和女人都有 12 对肋骨。一个假命题（错误的观点）似乎不能构成相信另一个命题的好理由。

又比如"上帝存在，因为地球是唯一具有智慧生命的星球"。这也不是好的论证。之所以不好，是因为"地球是唯一具有智慧生命的星球"并非支持"上帝存在"的证据：即使地球是唯一具有智慧生命的星球，也不能说明上帝真的存在；地球是唯一具有智慧生命的星球，并不是因为（至少不一定是因为）存在使之如此的上帝。换言之，从"地球是唯一具有智慧生命的星球"，推不出"上帝存在"。

再比如，"因为上帝存在，所以上帝存在"。这显然也不是好的论证。之所以不好，是因为它的前提只是重复了其结论，并不构成相信其结论的理由。

从以上三个例子，我们可以引出好论证的三个必要条件（three necessary conditions for good argument）：

> 一个论证是好的，仅当：（a）它的每个前提都为真，（b）从前提可以推出结论，并且（c）没有一个前提是对结论的简单重复。

更具体地说，如果论证的前提之一为假，它不是好的论证；如果它的每个前提都为真,但从前提推不出结论,它也不是好的论证;如果它的每个前提都为真,从前提的组合也可以推出结论,但某个核心前提只是对结论的简单重复,它也不是好的论证。①

二、关于循环论证的进一步说明

如果一个论证的某个前提仅仅重复了其结论,那么它是循环论证。根据这个定义,不仅"因为 p,所以 p"是循环论证,"因为 p 和 q,所以 p"也可以视为循环论证,因为它等同于以下论证:

1. p
2. q
3. 因此,p。

现实中,很少人会做"因为 p,所以 p"或"因为 p 和 q,所以 p"这样的论证。现实中的循环论证常常看上去是"因为 p,所以 q"这种形式,但表达的意思却是"因为 p,所以 p"。比如,"你不应该翘课,因为你有义务上这门课"。这个论证是循环的,因为"你有义务上这门课"和"你不应该翘课"是对同一个意思的不同表达。

值得注意的是,根据上面的定义,"238 是正偶数,所以 238 是自然数"不是循环论证。的确,如果 238 是正偶数,那么 238 一定是自然数。但"238 是正偶数"和"238 是自然数"是两个不同的命题,表达的不是一个意思。同样,下面的论证也不是循环论证:

1. 没有氧气,人类就无法生存。
2. Ki 没有氧气也能生存。

---

① 这三条标准只是初步的假设。当你进一步学习逻辑和哲学时,你可能会质疑这些标准。参考我的论文: Hu, Xingming (2017), Must a Successful Argument Convert an Ideal Audience? *Argumentation* 31 (1): 165-177。

3. 因此，Ki 不是人。

尽管这个论证的两个前提结合起来蕴涵结论，但没有一个前提是对结论的简单重复，所以这个论证不是循环论证。

三、有效论证与无效论证的区分

好论证的必要条件之一是：从前提可以推出结论。"可以推出"是个技术性概念，定义如下：

- 从 p 可以推出 q，当且仅当：如果 p 为真，那么 q 也一定为真，换言之，p 与 ¬q 不可能都为真。
- 从 p1，p2，p3 可以推出一个命题 q，当且仅当：如果 p1，p2，p3 为真，那么 q 也一定为真，换言之，p1，p2，p3 与 ¬q 不可能都为真。①

我们把从前提可以推出结论的论证称为"有效论证"（valid argument）。②

---

① 一些学友在阅读本书初稿时，对这个定义有些疑虑。我无意在这里讨论这些疑虑，因为这毕竟不是一本讨论逻辑哲学的书。此外，许多经典逻辑教科书上的定义并不比我这里给出的定义更严谨，比如 Logic and Philosophy (by Alan Hausman, Frank Boardman & Howard Kahane, 13th Edition) 给出的定义是："The fundamental logical property of a deductively valid argument is this: If all its premises are true, then its conclusion must be true. In other words, an argument is valid if it is impossible for all its premises to be true and yet its conclusion be false." 又比如 Introduction to Logic (by Irving M. Copi, Carl Cohen, Kenneth McMahon, 14th Edition) 给出的定义是："To say that a deductive argument is valid is to say that it is not possible for its conclusion to be false if its premises are true. Thus we define validity as follows: A deductive argument is valid when, if its premises are true, its conclusion must be true." 因为这些英文表述简明易懂，又能让读者了解著名逻辑学家如何界定"有效性"这一概念，此处就不翻译成中文了。

② 这里讲的是演绎有效。有些逻辑学家会说：演绎是语法词汇，有效是语义词汇，两者是相区分的。演绎仅仅是符号间操作，不考虑语义。还有些逻辑学家区分了语法有效（syntactically valid）与语义有效（semantically valid）。做出这些技术性的区分，是为了处理某些逻辑理论问题。但本书不讨论那些问题，所以不考虑这些技术性的区分。本书只是在宽泛的意义上使用"演绎有效"一词：演绎有效 ＝ 如果前提为真，那么结论一定为真。另外，本书在如下意义上使用"可以推出"这个词：从前提可以推出结论的论证 ＝演绎有效的论证。一些逻辑学家会讨论 Deducibility 和 Inferability 的区别（参考 J. E. Wiredu 的相关论文），会分辨"可演绎性"与"有效性"。本书也不考虑这些技术性的区分。（感谢刘雨轩、袁永锋和徐召清关于"演绎"、"有效"和"可以推出"三个概念之间关系的反馈。）关于归纳论证，我们将在第四章讨论。

根据上面的定义，我们可以通过两个步骤来判断一个论证是否有效：（a）写出结论的否定式；（b）考虑前提和结论的否定是否可以都为真：如果可以都为真（注意："可以都为真"与"必然都为真"不同，"必然都为真"意味着"可以都为真"，反之则不然），论证是无效的；如果无法都为真（注意：无法都为真＝不可能都为真，必然至少有一个为假），则有效。比如：

1. 小周的数学比小胡好。
2. 如果甲的数学比乙好，那么甲比乙更聪明。
3. 因此，小周比小胡更聪明。

要判断这个论证是否有效，我们分两步走：（a）写出结论的否定式：小周并不比小胡更聪明；（b）考虑前提和结论的否定是否可以都为真：小周的数学比小胡好；如果甲的数学比乙好，那么甲比乙更聪明；小周并不比小胡更聪明。显然，这三个命题不能都为真。因此，以上论证是有效的。

再看一个不同的例子：

1. A 大学比 B 大学好。
2. 因此，任何一个 A 大学的学生都比 B 大学的学生更好。

要判断这个论证是否有效，我们分两步走：（a）写出结论的否定式：并不是每一个 A 大学的学生都比 B 大学的学生更好；（b）考虑前提和结论的否定是否可以都为真：A 大学比 B 大学好，但并不是每一个 A 大学的学生都比 B 大学的学生更好。显然，这两个命题可以都为真。虽然 A 大学总体上比 B 大学更好，但 B 大学最好的一批学生中，有的学生比有些 A 大学的学生更优秀。此外，有些 B 大学的优秀学生与 A 大学的优秀学生一样好。因此，以上论证是无效的①。

有时候，一个论证乍看起来是有效的——从前提好像可以推出结论，实际并非如此。例如：

1. 对于生物的经验性事实（包括化石记录、生物结构的对比、物种的地理分布以及胚胎学的发现，等等），目前最好的解释是进化论。

2. 因此，进化论是正确的。

如果你认为这个论证是有效的，可能是因为你预设了"目前对这些事实的最好解释是正确的"这个前提。如果目前对这些事实的最好解释不一定是正确的，那么即使前提为真，结论也不一定为真。

四、有效论证的前提可以为假

当我们说一个论证是有效论证的时候，我们并没有断定它的前提为真。一个论证是"有效的"，仅仅意味着它的结论可以从前提中推出——如果前提都为真，那么结论一定也为真。考虑如下论证：

1. 慈禧太后是美国的最高领导。
2. 美国的最高领导必须出生在美国。
3. 因此，慈禧太后出生在美国。

这个论证的前提 1 为假，但它是有效的论证，因为"慈禧太后是美国的最

---

① 有人会说：这不是一个无效论证的例子，因为当一个人给出这样的论证时，一定预设（或隐藏）了一个前提：如果一个大学比另一个大学好，那么它的任何一个学生都比另一个大学的学生更好。补上这个前提，这个论证就是有效的。我的回应是："当一个人给出这样的论证时，一定预设（或隐藏）了这个前提"是个错误的心理学命题。我们完全可以想象一个人没有这样的预设。我们需要区分"如果一个人给出一个字面上无效的论证，他其实给出的是一个隐藏了某些前提的有效论证"与"如果一个人给出一个字面上无效的论证，我们应该在尊重文本的基础上努力做出厚道的解读，通过重构（补上一些前提）将之变成有效的论证"。前者是心理学命题，后者是哲学命题。我们将在本书第四章讨论后者。

高领导"、"美国的最高领导必须出生在美国"和"慈禧太后不是出生在美国"这三个命题不可能都为真。

要判断一个论证是不是有效，并不需要知道它的前提是否为真。比如：

1. 金星上没有水。
2. 金星上没有氧气。
3. 因此，金星上没有生命。

目前，我们还不清楚这个论证的两个前提是否为真。但是我们可以知道它不是有效的论证：即使两个前提都为真，它的结论也可能为假——某些形式的生命可能不需要水和氧气。

五、如何判断一个论证的前提是否为真

有些论证，我们很容易判断它们的前提是否为真。比如：

1.《红楼梦》的作者是张爱玲。
2. 张爱玲是一个女人。
3. 因此，《红楼梦》的作者是一个女人。

我们很容易判断这个论证的两个前提是否为真：前提 1 为假，前提 2 为真。但对于另一些论证，我们很难判断它们的前提是否为真。比如：

1. 如果美国政府曾操纵了美元的汇率，那么美国政府没资格指责其他政府操纵了货币的汇率。
2. 美国政府曾操纵了美元的汇率。
3. 因此，美国政府没资格指责其他政府操纵了货币的汇率。

这个论证是有效的，也不是循环论证。但它的前提都为真吗？很难说。

第一个前提是一个哲学命题,而第二个前提是个历史学命题。为了弄清楚它们是否为真,我们需要进行深入的哲学和历史学研究。

六、评估一个哲学论证的三个步骤

以上我们解释了好论证的三个必要条件:不循环、有效、前提都为真。在评估一个哲学论证时,我们可以根据这三个必要条件分三步走:(a) 看这个论证是否循环;(b) 看这个论证是否有效;(c) 看这个论证的前提是否为真。以基于伊壁鸠鲁文本的一个论证为例:

1. 如果我们没死,我们的死亡不存在。
2. 如果我们死了,我们不存在。
3. 不存在一个时刻,我们既没死,又死了:要么我们没死,要么我们死了。
4. 因此,不存在一个时刻,我们和我们的死亡都存在:要么我们的死亡不存在,要么我们不存在。(由 1,2 和 3 推出)
5. 如果在一个时刻 t,X 伤害了 Y,那么在 t 时刻,X 和 Y 都存在。
6. 因此,不存在这样一个时刻,我们的死亡伤害了我们。(由 4 和 5 推出)

"Death is nothing to us, because when we exist, death is not present, and when death is present, we do not exist."

—Epicurus "Letter to Menoeceus."

首先，我们看这个论证是否循环：它的几个前提中是否有一个前提（单独来看）仅仅重复了结论。经过仔细考察，我们发现 1,2,3,4,5 中没有一个前提（单独来看）说"不存在这样一个时刻，我们的死亡伤害了我们"，也没有一个前提（单独来看）表达了这样的意思。因此，这个论证不是循环论证。

其次，我们看这个论证是否有效。经过仔细考察，我们发现 1—4 的原子论证是有效的：结论 4 的否定式与前提 1,2,3 不能都为真。4—6 的原子论证也是有效的：结论 6 的否定式与前提 4 和 5 不能都为真。如果两个原子论证是有效的，那么由这两个原子论证构成的复合论证也是有效的。

最后，我们看这个论证的前提是否都为真。仔细审视每个前提，是不是有些前提为假？是不是有些前提是没有真假可言的废话？好像很难说。但这并不意味着我们应该在这些问题上沉默。一个哲学家可以给出自己的观点和论证。比如，我们可以说"以上论证的前提 5 为假"，并给出如下论证：

1. 在我们死亡之后，我们并不存在。
2. 诽谤侮辱死去的人，是对他们的伤害。
3. 因此，并非如果在一个时刻 t，X 伤害了 Y，那么在 t 时刻，X 和 Y 都存在。

我们对于这个论证的每个前提，都可以做进一步的论证。别人也可以反驳这个论证的某个前提。这是哲学争论。

七、评估哲学论证时保持理智的谦逊

一般而言，哲学家给出的论证，经过适当的重构之后，通常是有效的非循环论证，但其前提是否都为真，有很大争议。在评估哲学论证时，不同的人可能会采取不同的策略，比如：

策略 A：如果不同的哲学家对某个前提是否为真有不同的看法，那么我就不必在"该前提是否为真？"这个问题上提出自己的观点和论证,直接说"有争议,无法判断"。

策略 B:尽管不同的哲学家对某个前提是否为真有不同的看法,我也需要深入思考,提出自己的观点和论证。在经过深入的思考后,如果我觉得这个前提为真,那么它为真;如果我觉得这个前提为假,那么它为假。所有不同意我观点的人必定都是错误的。

策略 C:尽管不同的哲学家对某个前提是否为真有不同的看法,我也需要深入思考,提出自己的观点和论证,以供大家参考。但我不一定正确。如果一个受过良好哲学训练的同行经过深入思考后提出不同的观点和论证,他们不一定就是错误的,我愿意认真考虑同行的观点和论证:如果不同意,我就进一步给出我不同意的理由,以供同行参考;如果同意,我就修改自己原来的观点和论证。

策略 A 过度谨慎,流于理智的懒惰。策略 B 虽然积极进取,但流于理智的傲慢。我们在评估哲学论证时,可以采取策略 C,既积极进取,又保持理智的谦逊。

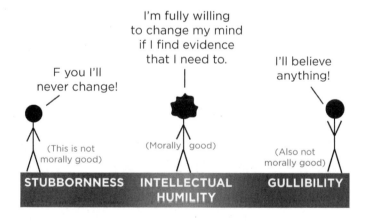

八、立场先行的论证不一定是糟糕的论证

在其名著《西方哲学史》中,罗素对中世纪哲学家阿奎那有一段著名的评论:

　　阿奎那身上几乎没有真正的哲学精神。他不像柏拉图式的苏格拉底那样，只跟着最好的论证走，无论论证的结论是什么。阿奎那不是在进行一项事先无法知道结论的研究。在他开始进行哲学思考之前，他已经知道了天主教信仰中的"真理"。如果他能为天主教信仰的某些部分找到明显的理性论证，那更好。如果找不到，他就诉诸启示。为一个预先给出的结论寻找论证，不是哲学，而是一种护教。因此，我觉得他不配与希腊或现代最好的哲学家相提并论（1945：463）。

　　这一段话引起许多争议。我们这里不讨论罗素对阿奎那的描述是否准确，只讨论"立场先行的论证是不是糟糕的论证?"这个问题。假设甲和乙在研究同一个问题。甲从一开始就相信 p 是正确的答案，为了说服他人，精心构筑了一个支持 p 的论证。乙则不同。从一开始，乙考虑了包括 p 在内的三个不同假设，并没有相信 p 比另外两个假设更可能为真。但经过审慎周密的思考，乙给出一个支持 p 的论证，跟甲的论证一模一样，并基于这个论证而相信 p，排除了另外两个假设。显然，如果乙给出的论证是一个好的论证，那么甲给出的论证也是一个好的论证，因为甲和乙给出的论证一模一样。如果甲和乙给出的论证不是一个好的论证，那也肯定不是因为甲的立场先于甲的论证。因此，一个论证好不好，跟提出论证的人是否立场先行没有必然关系；立场先行的论证不一定是糟糕的论证。①

　　当然，如果一个人立场先行，相信一个错误的观点，辅以糟糕的论证，并且拒绝认真考虑任何反对意见，那么他很难获得认知进步。

---

　　① 樊岸奇提供了如下例子：毋庸置疑，优秀的律师在法庭上所做的辩护有时是很好的论证。而律师的论证都是立场先行的——以为委托人辩护为目的。一个人如果认为立场先行的论证都是糟糕的论证，那么就要承认所有律师都无法在法庭上做出好论证，而这是荒谬的。

第三章　常见的有效论证形式

一、从日常语言到逻辑语言

  我们在第二章中提到，好的论证必须是有效的论证——如果前提为真，那么结论一定为真。① 区分有效论证与无效论证的能力对于做哲学而言是必需的。如果你不能准确地判断一个哲学论证是不是有效，就无法理解这个论证。

  但用日常语言表述的论证(无论是别人给出的论证，还是我们自己构造的论证)，其逻辑结构常常不太清楚，以至于我们很难判断其是否有效。为了解决这个问题，逻辑学家发明了一套逻辑语言，并用这套语言来翻译日常语言表述的论证。对于从事哲学研究的人，掌握这套逻辑语言最基础的部分，既有助于我们构造有效的论证，也有助于我们准确地评判别人的论证是否有效。

---

  ① 我们将在第四章讨论归纳论证。

"Logic will get you
from A to B.
Imagination will take
you everywhere. "

—Albert Einstein

二、基本的命题逻辑语言

我们从一个简单的哲学论证开始：

1. 要么上帝创造了宇宙，要么魔鬼创造了宇宙。
2. 如果上帝创造了宇宙，那么人世间没有很多邪恶。
3. 人世间有很多邪恶。
4. 因此，魔鬼创造了宇宙。

如果用 P 代表"上帝创造了宇宙"，用 Q 代表"魔鬼创造了宇宙"，用 R 代表"人世间有很多邪恶"，那么可以将这个论证重写为：

1. 要么 P，要么 Q。
2. 如果 P，那么并非 R。
3. R。
4. 因此，Q。

如果进一步用 P∨Q 代表"要么 P,要么 Q",①用¬R 代表"并非 R",用 P→¬R 代表"如果 P,那么并非 R",用∴表示"因此",那么我们可以将这个论证重写为:

1. P∨Q
2. P→¬R
3. R
4. ∴ Q

再考虑一个不同的论证:

1. 你做某件事是自由的,当且仅当:你有能力做这件事,并且你不是因为被他人胁迫而做这件事。
2. 如果你做某件事不是自由的,那么你无需为做这件事负责。
3. 因此,如果你是因为被他人胁迫而做某件事,那么你无需为做这件事负责。

如果用 L 代表"你做某件事是自由的",用↔表示"当且仅当",用 M 代表"你有能力做这件事",用∧表示"并且",用 N 代表"你是因为被他人胁迫而做某件事",用 O 代表"你无需为做这件事负责",那么我们可以将这个论证重写为:

1. L↔(M∧¬N)
2. ¬L→O
3. ∴ N→O

---

① 日常语言中,"要么 P,要么 Q"常常意味着 P 和 Q 不能都为真,但并不总是如此,比如我们有时会说:"要么你去,要么他去,要么你和他一起去。"中文里"不是 P 就是 Q"更准确地表示"要么 P,要么 Q,P 和 Q 不能都为真"。参见本章对"析取三段论"的讨论。这里,"要么 P,要么 Q"意味着 P 和 Q 可以都为真,但不能都为假。

一般而言，我们用英文字母表示具体的命题，用¬表示一个命题的否定式，用∧表示"和"、"并且"，用∨表示"或者"、"要么……要么……"，用→表示"如果……，那么……"，用↔表示"当且仅当"。

三、不同的论证可能具有相同的逻辑形式

考虑以下三个论证：

• 论证 I

1. 如果它是一辆车，那么它就有轮子。
2. 它没有轮子。
3. 因此，它不是一辆车。

• 论证 II

1. 如果你最爱的不是钱，那么你就不会嫁给他。
2. 你嫁给了他。
3. 因此，你最爱的是钱。

• 论证 III

1. 如果是上帝创造了宇宙，那么宇宙就应该是完美的。
2. 宇宙不是完美的。
3. 因此，并不是上帝创造了宇宙。

这三个论证具有相同的形式，因为每个论证都有两个前提：一个是条件句（条件句的形式是"如果 p，那么 q"，其中 p 被称为"前件"，而 q 被称为"后件"），另一个是对条件句的后件的否定。每个论证的结论都是对条件句的前件的否定。这三个论证共同的形式可以这样表示：

1. p→q
2. ¬q
3. ∴ ¬p

（我们用小写英文字母表示任意一个命题，用大写英文字母表示特定的命题。）

采取这种形式的论证被称为"否定后件式"。它是最常见、最重要的论证形式之一。在西方哲学和逻辑中，它以拉丁文名字 modus tollens 行世。

古希腊哲学家、亚里士多德的学生奥弗拉斯特（Theophrastus）（约公元前371—前287）被认为是揭示"否定后件"论证形式的第一人。

四、采取否定后件式的论证都是有效的

否定后件式是一种有效的论证形式。我们可以证明所有采取否定后件式的论证——无论它的内容是什么——都是有效的。要证明这一点，我们需要了解一些定义和逻辑真理：

1. 命题有真假之分。
2. 一个命题不是真就是假，没有既假又真的命题。换言之，无论 p

是否为真,p∧¬p 永远为假。它被称为矛盾式(不可能的或者荒谬的);

3. 如果命题 p 为真,那么¬p 为假。换言之,p→¬(¬p);

4. p∨q 是否为真,取决于 p 和 q 中是否有一个为真:

    ◦ 如果 p 和 q 都为真,那么 p∨q 为真。

    ◦ 如果 p 为真,但 q 为假,那么 p∨q 为真。

    ◦ 如果 p 为假,但 q 为真,那么 p∨q 为真。

    ◦ 如果 p 和 q 都为假,那么 p∨q 为假。

5. 从以上几个逻辑真理可以得出,p∨¬p 不可能为假。无论 p 是否为真,p∨¬p 永远为真。这是一个必然真理(永真式)。

6. p∧q 是否为真,取决于 p 和 q 是否都为真:

    ◦ 如果 p 和 q 都为真,那么 p∧q 为真。

    ◦ 如果 p 为真,但 q 为假,那么 p∧q 为假。

    ◦ 如果 p 为假,但 q 为真,那么 p∧q 为假。

    ◦ 如果 p 和 q 都为假,那么 p∧q 为假。

7. p→q 是否为真,取决于 p 和¬q 是否都为真。

    ◦ 如果 p 和¬q 都为真,那么 p→q 为假。(例如:当我真的赢了一亿美元,但不给你一半的时候,"如果我赢了一亿美元,我就给你一半"为假。)

    ◦ 在其他情况下,p→q 都为真。具体言之,p 和¬q 不都为真的情况有三种:

      ▪ 第一种是【p 为真,¬q 为假】

      ▪ 第二种是【p 为假,¬q 为真】

      ▪ 第三种是【p 为假,¬q 为假】

    ◦ 满足以上三种情况中的任一种,p→q 为真。比如,

      ▪ 假设我赢了一亿美元,并且我分给你一半,那么"如果我赢了一亿美元,我就给你一半"为真。

      ▪ 假设我没有赢一亿美元,那么"如果我赢了一亿美元,我就给你一半"也为真。

8. p↔q是否为真,取决于(p→q)和(q→p)是否都为真,因为 p↔q
   可以看作(p→q)∧(q→p)。

   ◦ 如果(p→q)和(q→p)都为真,那么 p↔q 为真。

   ◦ 如果(p→q)和(q→p)都为假,那么 p↔q 为假。

   ◦ 如果(p→q)为真,但(q→p)为假,那么 p↔q 为假。

   ◦ 如果(p→q)为假,但(q→p)为真,那么 p↔q 为假。

现在我们可以证明否定后件式的论证是有效的。要证明一个论证是有效的,就是要证明【它结论的否定式与它所有的前提不能都为真】。否定后件式的论证形式为:

1. p→q
2. ¬q
3. ∴ ¬p

这个形式的论证有两个前提:(1) p→q 和(2) ¬q。它的结论是¬p。其结论的否定式是 p。如果 p 和¬q 都为真,那么 p→q 必然为假。因此,p,¬q 和 p→q 不能都为真。因此,否定后件式的论证是有效的。

五、更多常见的有效论证形式

除了否定后件式外,还有其他一些常见的论证形式也是有效的,比如:

1. p→q	1. p→q
2. p	2. q→r
3. ∴ q	3. ∴ p→r
1. p	1. p
2. q	2. ¬q
3. ∴ p→q	3. ∴ ¬(p→q)

1. p 2. ∴ p∨q	1. q 2. ∴ p→q
1. p∧q 2. ∴ p	1. p→q 2. ∴ ¬p∨q
1. p↔q 2. p 3. ∴ q	1. p↔q 2. ¬p 3. ∴ ¬q
1. p∨q 2. ¬p 3. ∴ q	1. （p∧q）→r 2. q 3. ∴ p→r

我们可以证明以上论证形式都是有效的。以最后一个论证形式【1.（p∧q）→r；2. q；3. ∴ p→r】为例。第一步，先写出结论的否定式：p∧¬r；第二步，看（p∧q）→r,q 和 p∧¬r 是否可以都为真：

  由 p∧¬r 可以推出 p,¬r

  由 p,q 和（p∧q）→r,可以推出 r

  很显然,r 与 ¬r 矛盾。

  因此,（p∧q）→r,q 和 p∧¬r 不能都为真。

因此,【1.（p∧q）→r；2. q；3. ∴ p→r】是有效的论证形式。

如果构成一个复合论证的所有简单论证都是有效的,那么复合论证也是有效的,比如：

  1. p→q

  2. q→r

  3. ∴ p→r

4.　¬r

5.　∴ ¬p

6.　s∨p

7.　∴ s

这是一个复合论证,由三个简单论证构成:1—3,3—5,5—7分别构成一个简单论证。每个简单论证都是有效的,因此,这个复合论证也是有效的。

还有些常见的论证形式无法用命题逻辑语言表达(可以用谓词逻辑语言表达),但也是有效的,比如:

1. 对于任何一个 x 而言,如果 x 是 F1,那么 x 是 F2。	1. 对于任何一个 x 而言,如果 x 是 F1,那么 x 是 F2。
2. S 是 F1。	2. S 不是 F2。
3. 因此,S 是 F2。	3. 因此,S 不是 F1。

我们在撰写或重构论证时,最好套以常见的有效论证形式,以确保论证是有效的。如果你写的论证不符合常见的有效论证形式,考虑是否可以按照常见的有效论证形式改写。

六、常见的无效论证形式

不是所有的常见论证形式都是有效的。我们看到否定后件式和肯定前件式是有效的:

否定后件式	肯定前件式
1. p→q	1. p→q
2. ¬q	2. p
3. ∴ ¬p	3. ∴ q

但否定前件式和肯定后件式则都不是有效的：

否定前件式	肯定后件式
1. p→q	1. p→q
2. ¬p	2. q
3. ∴ ¬q	3. ∴ p

我们可以很容易地证明否定前件式和肯定后件式是无效论证。这里从略。

有时候，要判断一个论证是否有效，并不容易。我们常误以为自己做的论证是有效的。蒯因是著名哲学家和逻辑学家。但另一些著名哲学家和逻辑学家认为蒯因的一些论证是无效的。比如，David Kaplan 说："在他的开创性著作《存在与必然性笔记》(*Notes on Existence and Necessity*)中，蒯因给出了一个无效的论证。"[①]如果蒯因真的给出了一个无效的论证，不是因为他不是合格的逻辑学家，而是因为伟大的逻辑学家也可能在复杂的推理上犯错。

七、关于析取三段论的说明

我们已看到，常见的有效论证形式之一是：

1. p∨q
2. ¬p
3. ∴ q

这种论证形式被称为"析取三段论"（∨ 被称为"析取"）。它不同于以下论

---

① Kaplan, David (1986). Opacity. In Lewis Edwin Hahn & Paul Arthur Schilpp (eds.), *The Philosophy of W. V. Quine*. Open Court. pp. 229－289.

证形式：

1. p∨q
2. p
3. ∴ ¬q

这种论证形式是无效的，因为就 p∨q 而言，p 和 q 可以都为真——在逻辑学中，p∨q 意味着：或者 p 为真，或者 q 为真，或者 p 和 q 都为真。

然而，日常生活中，有时候 p 或者 q 意味着：p 和 q 其中一个为真，但不是两者都为真。例如：

1. 他或者是医生，或者是警察。
2. 他是医生。
3. 因此，他不是警察。

这个论证的前提 1 通常是说"他不是医生，就是警察，但并非既是医生，又是警察"。令 P＝他是医生，Q＝他是警察。如果用命题逻辑语言，前提 1 不应该写成"P∨Q"，而应该写成"(P∨Q)∧¬(P∧Q)"。整个论证的形式是：

1. (P∨Q)∧¬(P∧Q)
2. P
3. ∴ ¬Q

这个论证是有效的。

八、关于条件句的说明

我们平常读到或使用的许多句子虽然是"如果 p，那么 q"的形式，但它们表达的意义与逻辑中的 p→q 不同。考虑以下三种常见的条件句：

(i) 必然为真的条件句，不可能出现【p 为真，但 q 为假】这种情况。例如，如果 a＝b 并且 b＝c，那么 a＝c。不可能出现【a＝b 并且 b＝c，但 a≠c】这种情况。又例如，如果 x 是一条狗，那么 x 是动物。不可能出现【x 是一条狗，但 x 不是动物】这种情况。

(ii) 表达规律的条件句，现实世界中通常不会出现【p 为真，但 q 为假】这种情况。例如，如果 x 是铜，那么 x 导电。现实世界中通常不会出现【x 是铜，但 x 不导电】这种情况。又例如，如果一个人连续 20 分钟缺氧，那么他会死。现实世界中通常不会出现【一个人连续 20 分钟缺氧，但没有死】这种情况。

(iii) 表达偶然假设的条件句，现实世界中可能会出现【p 为真，但 q 为假】这种情况。例如，如果我找到了她的地址，那么我会给她发邀请函。在现实世界中，完全有可能发生【我找到了她的地址，但我不会给她发邀请函】的情况。

　　注意：这三种条件句表达的含义比逻辑中 p→q 表达的含义丰富很多。逻辑中 p→q 的意思仅仅是：¬p ∨ q。如果 p 为假（即¬p 为真），那么¬p ∨ q 为真，无论 q 是真还是假。因此，如果 p 为假，那么 p→q 为真，无论 q 是真还是假。[①] 据此，"如果雪是黑的，那么外星人存在"这个命题为真，因为"雪是黑的"为假。[②] 因为逻辑中的 p→q 等同于¬p ∨ q，而¬p ∨ q 并不意味着"p 与 q 之间有某种特别的关联"，所以它不同于"如果 p 为真，那么 q 一定为真"，也不

[①]　C. I. Lewis(1917：355)在"The Issues Concerning Material Implication"这篇论文中说实质蕴含(material implication)只是"a relation which does not indicate relevance of content is merely a connection of 'truth-values'"。感谢袁永锋让我注意到 Lewis 这句话。另外，据王彦晶告知，Wason selection task 有助于我们理解什么是实质蕴含。

[②]　饶毅说："如果我不是遗传学家，全体华人就没有遗传学家。"这一句话引起很多批评。一个数学家评论说："从饶毅的角度来看，'我不是遗传学家'这个前提是错误的，那么这句话就是正确的。这句话的正确性并不需要'饶毅是华人遗传学家的最高标准'这样强的条件来保证，只要承认'饶毅是遗传学家'就足够。所以饶毅老师的看法是对的，他那句话的意思是他达到了遗传学家的最低标准。"我不赞同这个分析，不是因为这位数学家没有区分实质蕴含与非实质蕴含，而是因为"如果我不是遗传学家，全体华人就没有遗传学家"这个句子只是表面上采取条件句形式，表达的意思其实是："我饶毅是最优秀的华人遗传学家之一"。这显然不是"如果 p，那么 q"的假言命题。在日常语言中，条件句可以是一种修辞手法。感谢王彦晶让我注意到饶毅这个例子。

同于"如果 p 为真,那么 q 很可能为真",也不同于"p 会导致 q",也不同于"如果某人知道 p,那么他会尽力使得 q 发生"。上面列出的三种"如果 p,那么 q"句子,在逻辑中不能简单地写成 p→q。另外,需要注意的是:"如果 p,那么 q"不同于"p,因此,q"。前者是条件句,后者是论证。条件句是一个命题,可以作为论证的一个前提,但本身不是论证。当你做出"p,因此,q"这个论证时,你断言了它的前提 p 为真,它的结论 q 为真,并且它的前提支持它的结论。但是当你说"如果 p,那么 q"时,你既没有断言 p 为真,也没有断言 q 为真。你只是断言"如果 p,那么 q"为真。即使你认为 p 和 q 都为假,你依然可以断言"如果 p,那么 q"为真。

第四章 为了理解和评估的重构

一、日常生活中的粗略论证

在前几章中,我们说明了什么是论证,如何评估一个论证,以及常见的有效论证形式有哪些。为了说清楚这些问题,我们举了许多论证的例子,比如:

1. 如果我们没死,我们的死亡不存在。
2. 如果我们死了,我们不存在。
3. 不存在一个时刻,我们既没死,又死了:要么我们没死,要么我们死了。
4. 因此,不存在一个时刻,我们和我们的死亡都存在:要么我们的死亡不存在,要么我们不存在。(由1,2和3推出)
5. 如果在一个时刻 t,X 伤害了 Y,那么在 t 时刻,X 和 Y 都存在。
6. 因此,不存在这样一个时刻,我们的死亡伤害了我们。(由4和5推出)

日常生活中,我们通常不会听到这种刻意构造、把每个前提和结论都说得很清楚的论证。在日常谈话中,论证往往是粗略的。

二、做出粗略论证的两个原因

为什么在日常生活中,我们不仔细说清楚我们论证的每个前提和结论,而偏好粗略的论证呢? 可能有两个原因:

首先,我们常常假定对话者能够自行补上我们没明确说出的细节。为了让交流更有效,我们会避免提及显而易见的东西或共同的背景知识。例如,你妈妈跟你说:"外面乌云密布,出门带把伞吧。"省略了两个显然的前提:(a) 乌云密布意味着即将下雨;(b) 雨天出门要带伞。再如,哲学系学生之间可能会这样聊天:"你最近心情不好,就别读叔本华了。"这个论证省略的前提是他们共同的背景知识:叔本华是悲观主义者,读他的书可能会使心情更差。

其次,我们有时故意省略论证的一些前提,因为这些前提经不起推敲,我们不想让别人注意到它们(英文里用 rhetorical enthymeme 指称这种论证)。假设你高考完正在填志愿,你的亲戚可能会这样劝你:"选金融专业! 你表哥金融系毕业,现在收入很高。"他的完整论证似乎是这样的:

1. 你表哥金融系毕业,现在收入很高。
2. 如果你表哥金融系毕业,现在收入很高,那么选择金融专业能使得你毕业后有高收入。
3. 所以,选择金融专业能使得你毕业后有高收入。
4. 如果某专业能使某人毕业后有高收入,那么这个人应该选择这个专业。
5. 所以,你应该选择金融专业。

你的亲戚之所以省略前提 2 和 4,可能是因为他觉得 2 和 4 过于显然,不值一提,也可能是因为他不想你发现这两个前提经不起推敲。前提 2 经不起推敲,因为金融专业的一个毕业生收入很高,不代表金融专业大多数毕业生收入都很高。一个人的收入高低,不仅和所学专业有关,还和毕业学校、自身能力等因素有关。其次,前提 4 经不起推敲,因为收入前景不是选择专业的唯一标准，还应该考虑兴趣、志向、能力和职业稳定性等因素。对于一个善于做中学数学题、喜欢教学、偏好稳定工作的人来说，选择师范学校的数学专业比选择综合大学的金融专业更好。

"I know too well that these arguments from probabilities are imposters，and unless great caution is observed in the use of them，they are apt to be deceptive."

—Plato

三、重构一个粗略的论证

在哲学研究中，许多人也会基于以上两个理由偏好粗略的论证。为了准确地理解与评估一个论证，我们最好把它隐含的每个前提和结论都清楚地揭示出来。换言之，我们最好以标准形式重构一个论证。正如克里斯·博博尼奇（Chris Bobonich，斯坦福大学哲学教授和古典学教授）所说："重构论证是最重要的哲学技能之一。一旦你学会解剖和重构一个论证，评价和分析这个论证就会变得容易很多。"

下面我们将通过一些例子来学习如何重构一个粗略的论证。先看下面这段话：

关于零排放车辆的策略是行不通的，因为只有电动汽车是合格的零排放车辆，但电动汽车不易出售：它们太贵，行驶范围太有限，而且充电设施没有普及。（William Campbell，"Technology Is Not Good Enough"；引自 Patrick J. Hurley，*A Concise Introduction to*

Logic，10th edition）

这是一个论证。要按照标准形式重构这个论证,我们可以分四步走:

- 第一步:找出这个论证的最终结论。仔细阅读文本,可以看出其
  最终结论是:关于零排放车辆的策略是行不通的。
- 第二步:找出主论证(the big picture argument)——支持最终结
  论的原子论证。仔细阅读文本,可以看出主论证是:
  1. 只有电动汽车是合格的零排放车辆;
  2. 但电动汽车不易出售;
  3. 如果1和2为真,那么关于零排放车辆的策略是行不通
     的。(隐含的前提)
  4. 因此,关于零排放车辆的策略是行不通的。
- 第三步:找出支持主论证之每个前提的原子论证。这种原子论证
  被称为"副论证"(sub-argument)。仔细阅读文本,可以看出主论
  证的前提1和3都是直接断定的,没有进一步支持前提1和3的
  论证。关于前提2,则有进一步的论证(副论证):
  (1) 电动汽车太贵;
  (2) 电动汽车的行驶范围太有限;
  (3) 电动汽车的充电设施没有普及;
  (4) 如果(1),(2)和(3)为真,那么电动汽车不易出售。(隐含的
     前提)
  (5) 因此,电动汽车不易出售。
- 第四步:找出支持副论证之每个前提的原子论证。这种原子论证
  被称为"二级副论证"(sub-sub-argument)。仔细阅读文本,可以
  看出没有二级副论证。因此,重构到此结束。(如果有二级副论
  证,我们还需要看有没有三级副论证。重构的终点是:没有更下
  一级的副论证。)

四、什么是好的重构?

对于一个论证性的文本,不同的人可能会给出不同的重构。不是每个重构都是好的。一个好的重构必须满足两个条件:

A. 这个重构尊重了文本。令 T 代表一个文本,R 代表一个重构。

    A1:如果 R 包含与 T 相矛盾的内容,那么 R 没有尊重 T。例如,对于上述关于电动汽车的文本,一个好的重构不应该包含断言"电动汽车很便宜"之类的命题,因为这与文本的意思相矛盾。

    A2:如果 R 包含 T 完全没有暗示过的内容,那么 R 没有尊重 T。例如,对于上述关于电动汽车的文本,一个好的重构不应该包含声称"许多人很反感电动汽车"之类的命题,因为文本完全没有暗示这一点。

B. 这个重构是厚道的(charitable):相比其他尊重了文本的重构而言,它是最清楚、最经得起推敲的。一个厚道的重构必须满足以下三个条件:

    B1:这个重构是有效的论证。当然,如果一个文本明确地含有"p,因此非 p"之类的内容,那么在尊重文本的基础上,我们无法把它重构成形式有效的论证。但很少有哲学文本明确地含有"p,因此非 p"之类的内容。有些文本包含表面上自相矛盾的话,但如果仔细分析,会发现实际上并无自相矛盾之处。

    B2:这个重构没有多余的前提。例如,"p→q;¬q;r;∴¬p"这个论证是有效的,但有一个多余的前提:r 是不必要的。

    B3:这个重构的每个前提不是可以轻易驳倒的(相比于其他重构的前提而言)。假设 R1 和 R2 是对同一文本的两个不同重构,R1 和 R2 的其他前提都相同,除了一个前提外:R1 基于前提 P1，而 R2 基于前提 P2。假设 P1 比 P2 更合理（或争议更少）。那么 R1 是比 R2 更好的重构（在其他条件相同的情况下）。考虑以下两个重构：

i. 电动汽车太贵；	i. 电动汽车太贵；
ii. 电动汽车的行驶范围太有限；	ii. 电动汽车的行驶范围太有限；
iii. 电动汽车的充电设施没有普及；	iii. 电动汽车的充电设施没有普及；
iv. 如果 i，ii 和 iii 为真，那么电动汽车不易出售。（隐含的前提）	iv. 任何太贵、使用范围太有限、难以得到常规售后服务的东西都不易出售。（隐含的前提）
v. 因此，电动汽车不易出售。	v. 因此，电动汽车不易出售。

左边的重构比右边的重构更好，因为右边重构的前提 iv——任何太贵、使用范围太有限、难以得到常规售后服务的东西都不易出售——虽然在某种程度上尊重了文本，但似乎争议更大，不如左边重构的前提 iv 合理。

五、区分好的重构与坏的重构：更多例子

下面我们将通过更多的例子来说明好的重构与坏的重构之区别。先看一个简单的论证：

哲学是没有价值的，因为它不能帮助我们赚钱。

对于这个论证，不同的人可能会给出不同的重构，比如：

重构1

   1. 哲学不能帮助我们赚钱。

   2. 计算机科学能帮助我们赚钱。

   3. 哲学不同于计算机科学。

   4. 如果 X 能帮助我们赚钱，那么 X 是有价值的。

   5. 因此，哲学是没有价值的。

重构2

   1. 哲学不能帮助我们赚钱。

   2. 因此，哲学是没有价值的，因为任何不能帮助我们赚钱的东西都是没有价值的。

重构3

   1. 如果一个专业不能帮助我们赚钱，那么它是没有价值的。

   2. 哲学这个专业不能帮助我们赚钱。

   3. 所以，哲学是没有价值的。

在这三个重构中，重构 3 最好。重构 1 不好，因为（a）它是无效的：前提和结论的否定式可以都为真；（b）它没有尊重文本：它含有原文没有陈述或暗示过的内容，比如原文完全没有提到计算机。重构 2 不好，因为（a）它的逻辑结构不够清楚："哲学是没有价值的，因为任何不能帮助我们赚钱的东西都是没有价值的"是一个论证，不是一个命题[注意："因为 p，所以 q"与"如果 p，那么 q"不同，前者是一个论证或解释，后者是一个假言命题(条件句)]，不应该合在一起放在结论部分；（b）重构 2 虽然没有与原文内容相冲突，但不够贴近原文：原文似乎只针对大学专业，而非针对"任何不能帮助我们赚钱的东西"。一个人可以说："即使亲情和爱情不能帮助我们赚钱，也是有价值的，但哲学这个专业是没有价值的，因为它不能帮助我们赚钱。"他预设的只是"如果一个专业不能帮助我们赚钱，那么它是没有价值的"，而非"任何不能帮助我们赚钱的东西都是没有价值的"。相比之下，重构 3 更清楚，更尊重和贴近原文，也是有效的论证。

泰勒斯是第一个哲学家。亚里士多德说泰勒斯用实际行动向世界表明：哲学家如果想赚钱的话，是很容易做到的，但他们的志向并不在这里。

再看另一个例子：

我在得知爱因斯坦将罗素视为 20 世纪最伟大的思想家之一时，着实大吃一惊。我不喜欢罗素。他其实是个哲学半吊子。他的主要兴趣是性。他和爱因斯坦都是好色之徒。他没有道德感。他曾说："一种观点被普遍接受，并不能证明它不是完全荒谬的；事实上，鉴于大多数人类的愚昧，被普遍接受的观点更可能是愚蠢而非明智的。"但这是荒谬的，因为如果这是真的，那么"开车前不应该喝酒"这一被普遍接受的观点更可能是愚蠢而非明智的！

这段话包含一个论证，其结论是：罗素的观点——"被普遍接受的观点更可能是愚蠢而非明智的"——是荒谬的。可能有人会这样重构这个论证：

1. 罗素和爱因斯坦都是好色之徒。
2. 他没有道德感。
3. 他说："被普遍接受的观点更可能是愚蠢而非明智的。"
4. 如果这个观点是正确的，那么开车前不应该喝酒这一被普遍接受

　　　　的信念更可能是愚蠢而非明智的。

5. 但这个信念毫无疑问是明智的。

6. 罗素其实是个哲学半吊子。

7. 他的主要兴趣是性。

8. 因此，罗素的观点——"被普遍接受的观点更可能是愚蠢而非明
　　智的"——是荒谬的。

　　这是一个糟糕的重构，因为它的逻辑结构不清楚，并且含有太多不相关的命题——前提 1、2、6 和 7 对于结论没有任何支持作用。下面是一个更好的重构：

1. 如果罗素的观点——"被普遍接受的观点更可能是愚蠢而非明智
　　的"——不是荒谬的，那么"开车前不应该喝酒"这一被普遍接受
　　的观点更可能是愚蠢而非明智的。

2. 但"开车前不应该喝酒"这一被普遍接受的观点毫无疑问是明
　　智的。

3. 因此，罗素的观点——"被普遍接受的观点更可能是愚蠢而非明
　　智的"——是荒谬的。

　　我们在重构一个文本中的论证时，应该先分清楚哪些句子是用来支持结论的，哪些句子不是。

六、对于复杂文本的重构

　　经典哲学文本通常比较复杂，重构哲学文本的论证常常很挑战我们的耐心和能力。下面我们将以一段著名哲学文本为例，来展示如何重构一个比较复杂（但不是特别复杂）的论证：

　　　　知识在传统上被定义为受到好理由支持的真信念。具体而言，

S 知道 P,当且仅当:(i) P 为真,(ii) S 相信 P,且(iii) S 有好理由相信 P。假设 Smith 和 Jones 申请了同一份工作。Smith 有强有力的证据支持以下合取命题:(d)Jones 会得到这份工作,且 Jones 的口袋里有 10 个硬币。Smith 对(d)的证据是,他从公司总经理那里得知 Jones 最终会被录用,且他十分钟前数过 Jones 口袋里的硬币。命题(d)能推出:(e)得到工作的那个人口袋里有 10 个硬币。假设 Smith 从(d)中推出了(e),并且基于(d)接受了(e)。因为他有强有力的证据支持(d),Smith 也有好理由相信(e)为真。然而,Smith 不知道的是,事实上得到这份工作的会是他自己而非 Jones。不仅如此,Smith 也不知道他自己的口袋里也有 10 个硬币。因此,虽然命题(d)为假,但 Smith 从(d)中推出的命题(e)为真。那么,Smith 对于(e)的认知状态满足传统知识定义的三个条件。(i) (e)为真,(ii) Smith 相信(e)为真,且(iii) Smith 有好理由相信(e)为真。但同样显然的是,Smith 不知道(e)为真;因为使(e)为真的是 Smith 口袋里硬币的数量,而 Smith 并不知道自己口袋里有多少硬币,他误以为 Jones 会得到这份工作,所以对(e)的信念是基于 Jones 口袋里硬币的数量。因此,传统的知识定义是错的。(埃德蒙德·盖梯尔)

1963 年,36 岁的美国韦恩州立大学哲学系助理教授埃德蒙德·盖梯尔 (Edmund Gettier, 1927—2021)发表了一篇不到 1 000 字的论文,质疑了传统的知识定义,改变了知识论发展的进程。

第一步：找出这个论证的最终结论。仔细阅读文本，可以看出其最终结论是：传统的知识定义是错的。

第二步：找出主论证（the big picture argument）——支持最终结论的原子论证。仔细阅读文本，可以看出主论证是：

1. 如果传统的知识定义是正确的，那么 Smith 知道(e)为真。
2. 但 Smith 不知道(e)为真。
3. 因此，传统的知识定义是错误的。

第三步：找出支持主论证每个前提的原子论证（副论证）。对于主论证前提 1 的副论证是：

(1) 传统的知识定义认为，如果 S 基于好的理由相信真命题 P，那么 S 知道 P 为真。
(2) Smith 基于好的理由相信真命题(e)。
(3) 因此，如果传统的知识定义是正确的，那么 Smith 知道(e)为真。

对于主论证前提 2 的副论证是：

(1) 如果使得命题 P 为真的是事实 F，而非某个可能事态 A，但 S 认为是 A 而非 F 使得 P 为真，那么 S 不知道 P 为真。
(2) 使得命题(e)为真的事实是：Smith 得到这份工作，并且他的口袋里有 10 枚硬币。
(3) 以下可能事态并不使得命题(e)为真：Jones 得到这份工作，并且他的口袋里有 10 枚硬币。
(4) Smith 却认为【Jones 得到这份工作，并且他的口袋里有 10 枚硬币】而非【Smith 得到这份工作，并且他的口袋里有 10 枚硬币】使得命题(e)为真。
(5) 因此，Smith 不知道(e)为真。

第四步:找出支持副论证之每个前提的原子论证("二级副论证")。仔细阅读文本,可以发现对于前提 2 的副论证的每个前提,没有进一步论证。但对于前提 1 的副论证之前提(2),则有进一步的论证:

a. Smith 基于好的理由相信命题(d)。

b. Smith 之所以相信真命题(e),是因为他相信(d),并从(d)正确地推出(e)。(注意:这是一个解释,不是一个论证。)

c. 如果 S 基于好的理由相信 P,并且 S 之所以相信真命题 Q,是因为 S 相信 P 并正确地从 P 推出 Q,那么 S 基于好的理由相信 Q。

d. 因此,Smith 基于好的理由相信真命题(e)。

第五步:找出支持二级副论证之每个前提的原子论证("三级副论证")。仔细阅读文本,可以发现对于二级副论证的前提 a 有进一步的论证:

① Smith 之所以相信(d),是因为以下证据:他从公司总经理那里得知 Jones 最终会被录用,且他十分钟前数过 Jones 口袋里的硬币。

② 对于 Smith 来说,这个证据是支持(d)的足够强的证据。(隐含的前提)

③ Smith 没有反对(d)的证据。(隐含的前提)

④ 如果 S 之所以相信 P,是因为有足够强的支持 P 的证据,并且没有反对 P 的证据,那么 S 基于好的理由相信 P。(隐含的前提)

⑤ 因此,Smith 基于好的理由相信命题(d)。

对于这个三级副论证的每个前提,原文似乎没有进一步论证。我们的重构可以到此结束。

七、归纳论证可以重构为演绎论证

一些哲学家认为,所有归纳论证都可以被重构为演绎论证。这一观点在逻辑学中被称为"演绎主义"。下面是归纳论证的一个例子：

1. 所有已被观察到的乌鸦都是黑色的。
2. 所以，所有的乌鸦（很可能）都是黑色的。①

这个论证本身是演绎无效的：前提与结论的否定式可以都为真。但是，提出这个论证的人很可能隐含地预设了"如果所有已被观察到的乌鸦都是黑色的，那么所有的乌鸦（很可能）都是黑色的"这个前提。如果这个预设被明确地作为一个前提，那么这个论证就会变为有效的：

1. 所有已被观察到的乌鸦都是黑色的。
2. 如果所有已被观察到的乌鸦都是黑色的，那么所有的乌鸦（很可能）都是黑色的。
3. 所以，所有的乌鸦（很可能）都是黑色的。

所有归纳论证都可以用类似的方式重构为演绎论证。这个重构似乎没有导致原来的论证有任何实质性的改变。

再举个例子：

1. 历任美国总统的年龄均在 40 岁以上。
2. 因此，下一任美国总统的年龄（很可能）在 40 岁以上。

---

① 汉语学术界对"归纳论证"的常见定义是："归纳论证是一种由个别到一般的论证方法。它通过许多个别的事例或分论点，然后归纳出它们所共有的特性，从而得出一个一般性的结论。"根据这一定义，"过去我们观察到的每只乌鸦都是黑色的，因此，明天在南京出生的小乌鸦长大后也会是黑色的"这一论证不是归纳论证。但这一论证显然是归纳论证。因此，那个定义有问题。一些英文经典逻辑教材（如 Copi, Cohen & McMahon 那本）对"归纳论证"的定义是：归纳论证是那种声称"如果前提为真，那么很可能（但不一定）结论也为真"的论证。与之相对照，演绎论证是那种声称"如果前提为真，那么结论一定为真"的论证。这个定义似乎也不够好，因为有些人会把典型的演绎有效论证错误地声称为那种"如果前提为真，那么很可能（但不一定）结论也为真"的论证。然而，即使没有一个好的定义，我们也可以通过归纳论证的典型例子在一定程度上把握什么是归纳论证。

我们可以把这个论证重构如下：

1. 历任美国总统的年龄均在 40 岁以上。
2. 如果历任美国总统的年龄均在 40 岁以上，那么下一任美国总统的年龄（很可能）在 40 岁以上。
3. 所以，下一任美国总统的年龄（很可能）在 40 岁以上。

这类论证中的"可能性"，有时最好理解为主观的合理性，而非客观的概率。假设我们观察了 100 万只乌鸦，它们都是黑色的，但尚未被观察到的乌鸦有 1 000 万只，它们中有 90% 是白色的。那么，下一只即将观察到的乌鸦（客观上）不太可能是黑色的。但考虑到我们目前所拥有的证据，此刻相信下一只即将被观察到的乌鸦是黑色的，仍然合理。概而言之，我们可以主观上合理地（subjectively justified）相信一个命题，即使这个命题为真的客观概率很低。

如果你想进一步了解演绎主义，可以参考以下两篇文章：

1. Musgrave，A.（1999）. How to do without inductive logic. *Science & Education*，8(4)，395 - 412.
2. Jacquette，Dale（2009）. Deductivism in Formal and Informal Logic. *Studies in Logic，Grammar and Rhetoric*，16（29），189 - 216.

八、常见的非形式谬误之一：诉诸权威

在流行的逻辑学教科书里，你可能见过"非形式谬误"（informal fallacies）这个术语。典型的非形式谬误包括诉诸权威、错误类比等。我们可以通过重构一个论证更好地理解非形式谬误。

以"诉诸权威"为例。我们常常引用权威的观点为自己的观点辩护。如果我们引用的权威并非相关的专家，那么我们犯了诉诸权威谬误。比如：

服用维生素 C 可以有效防止癌症，因为诺贝尔化学奖和和平奖得主莱纳斯·鲍林（Linus Pauling）说：他每天服用维生素 C，让他患癌的时间推迟了 20 年。

这个论证犯了诉诸权威谬误，因为莱纳斯·鲍林是个权威，但不是研究癌症的权威——在如何预防癌症这个问题上，他并不比一个外行高明多少。我们可以通过重构以上论证更好地把握诉诸权威谬误：

1. 诺贝尔化学奖和和平奖得主莱纳斯·鲍林说：他每天服用维生素 C，让他患癌的时间推迟了 20 年。
2. 如果一位诺贝尔化学奖和和平奖得主说：服用维生素 C 让其患癌的时间推迟了 20 年，那么（很可能）服用维生素 C 可以有效防止癌症。（隐含前提）
3. 因此，（很可能）服用维生素 C 可以有效防止癌症。

这个论证的前提 2 显然是有问题的，因为一位诺贝尔化学奖和和平奖得主可能不是一位研究癌症的专家。如果一个人不是研究癌症的专家，即使他说服用维生素 C 让其患癌的时间推迟了 20 年，也不意味着（很可能）服用维生素 C 可以有效防止癌症。前提 2 的错误，就是诉诸权威谬误。它是一种非形式谬误，因为它只是断言了一个假命题，跟论证的逻辑形式没有关系。

值得注意的是，诉诸正确的权威则通常不是一个非形式谬误。比如：

水的分子结构是 H_2O，因为我们的化学老师这么说，并且没有化学家质疑这个观点。

这个论证可以重构如下：

1. 我们的化学老师说：水的分子结构是 H_2O。
2. 没有化学家质疑"水的分子结构是 H_2O"这个观点。

3. 如果一个化学老师说水的分子结构是 H_2O，并且没有很多化学家
质疑这一观点，那么（很可能）水的分子结构是 H_2O。（隐含前提）
4. 因此，（很可能）水的分子结构是 H_2O。

这个论证似乎并无不妥之处。我们通过这类论证——诉诸正确的权威（之著作或授课）——获得了大量的科学和历史知识。

九、常见的非形式谬误之二：错误类比

另一个常见的非形式谬误是"错误类比"。类比是借由比较两件不同事物在某些方面的共同点，来论证这两件事物在另外一些方面也（很可能）相同。下面是一个典型的错误类比：

> 甲非常了解古希腊哲学，而乙和甲本硕博都在南大哲学系就读，
> 并且都是 x 教授指导的。因此，估计乙也非常了解古希腊哲学。

为了更清楚地看出这个论证的问题，我们可以将之重构如下：

1. 甲本硕博都在南大哲学系就读，并且是 x 教授指导的。
2. 甲非常了解古希腊哲学。
3. 如果 1 和 2，那么【如果一个人本硕博都在南大哲学系就读，并且
是 x 教授指导的，那么他很可能非常了解古希腊哲学】。
4. 乙本硕博都在南大哲学系就读，并且是 x 教授指导的。
5. 因此，很可能乙也非常了解古希腊哲学。

这个论证的前提 3 是有问题的，因为即使 1 和 2 是正确的，也不意味着本硕博都在南大哲学系就读并且是 x 教授指导的所有学生都了解古希腊哲学。南大哲学系的 x 教授可能既指导过古希腊哲学领域的论文，也指导过近代英

国哲学领域的论文。[①] 他的某些学生并不研究古希腊哲学。其次，学历背景相同、同一个导师指导、研究同一个领域的学生，学术造诣不一定同等地好，有时候可能有天壤之别。

值得注意的是，并非所有的类比论证都是显然地不好。考虑以下论证：

> 体罚是道德上错误的行为，因为它和霸凌一样，都涉及强者对弱者使用暴力，并且弱者不同意强者这种做法。

我们可以将这个论证重构如下：

1. 霸凌之所以是道德上错误的行为，是因为霸凌涉及强者对弱者使用暴力，并且弱者不同意强者这种做法。
2. 如果【霸凌之所以是道德上错误的行为，是因为霸凌涉及强者对弱者使用暴力，并且弱者不同意强者这种做法】，那么【如果一个行为在这两个方面与霸凌类似——涉及强者对弱者使用暴力，并且弱者不同意强者这种做法，那么它是道德上错误的行为】。
3. 体罚在这两方面与霸凌类似——它涉及强者对弱者使用暴力，并且弱者不同意强者这种做法。
4. 因此，体罚是道德上错误的行为。

这个论证并非显然地不好。不同的人可能有不同的看法。有人可能认为这个论证的每个前提都是正确的。但有人可能会质疑前提 2。他们会说，警察相对于某些罪犯是强者，他们使用适当的暴力将那些比较弱势的罪犯制服，并不是道德上错误的行为，即使罪犯不同意警察对他们使用暴力。警察制服罪犯的目标是矫正对方的行为，阻止对方进一步犯错。这与霸凌不同。霸凌的目标是让对方畏惧自己，对自己臣服。就目标而言，父母对做了错事的孩子

---

① 不一定是因为 x 教授既研究古希腊哲学，也研究近代英国哲学，也可能是因为学生在写毕业论文时突然要换一个导师不熟悉的方向，但不能换导师。

进行适当体罚,更类似于警察制服罪犯,而与霸凌非常不同。父母希望通过体罚矫正孩子的错误言行,帮助孩子避免以后再犯同样的错误,而不是希望孩子畏惧自己,对自己臣服。当然,说"父母可以体罚孩子",不等于说"父母可以任意体罚孩子"。如果孩子没有犯错,父母显然不应该体罚孩子。即使孩子犯了错,也不应该对孩子进行过度地体罚。任何惩罚都应该符合比例原则,小错不可重罚。①

在评估一个哲学论证时,意识到别人的评估可能与我们不同,并不意味着我们应该停止评估,也不意味着任何评估都一样好。相反,我们应该仔细思考,努力给出在我们看来最正确的评估,以供别人参考。究竟是我们的评估更有道理,还是别人的评估更有道理,由读者来判断。

---

① 在美国的一些州,教师也有体罚学生的权利。为了避免教师对学生滥用私刑,体罚通常要在另一些教师的见证下执行。参考维基百科词条"School corporal punishment in the United States"。对于体罚的哲学讨论,可参考 Scarre, G. (2003). Corporal punishment, *Ethical Theory and Moral Practice* 6 (3): 295 - 316。

分章练习题

第一章习题

一、举例说明论证（argument）与解读（interpretation）和解释（explanation）的不同。用你自己的例子。

二、写一段关于哲学的话，这段话必须不包含任何论证。

三、举例说明原子论证和复合论证之间的不同。用你自己的例子。

四、数学证明是一种论证，它使其他人相信某个特定的数学命题为真。数学家迈克·哈钦斯（Michael Hutchings）说："在法庭上，一个具有证据优势或排除合理怀疑的论证就足够好了。但对于数学论证而言，具有证据优势或排除合理怀疑还不够。原则上，我们试图以完全排除任何怀疑的方式证明一个命题。"你能证明在欧氏空间中，任意一个三角形的三个内角和都是180°吗？

五、下面哪些段落包含论证？为什么？

a. 苏格拉底：像我这种人，只能听得进去经过反思后在我看来最好的论证，除此之外我什么都听不进去。（柏拉图《克里同》）

b. 苏格拉底被捕后，被指控不尊重城邦所供奉的神（类似于"不尊重本国钦定的伟人和传统"），而引入一些新神（类似于"引进国外一些大师的思想"），并腐化了城邦的年轻人。他在五百人大会上受审，其中大多数人给他投了"有罪"的一票。他最终被判处死刑或流放。苏格拉底选择死刑，他宁死也不要离开他心爱的雅典。但苏格拉底否认了对他的指控。他说，雅典就像一匹丧失活力的肥马，而他则是上帝派来的牛虻，其职责就是不断去叮咬肥马，使它保持清醒。

c. 35 岁的刘某又一次和职称晋升擦肩而过。他选择了辞职。硕士一毕业，他就进入北京市一家数得着的教育研究机构工作。8 年间，他以优异成绩攻下了博士学位，发表了不少高质量论文，甚至还有了译著，然而职称却纹丝不动——助理研究员。起初他也很疑惑，直到这一次，领导无意间的一句"要选自己人"让他恍然大悟。这是一个让众多教育专家疾呼"非解决不可"的"毒瘤"——学术近亲繁殖。近日，湖南大学一纸"不准本校博士毕业生直接留校任教，以保持大学的独立精神"的"铁规"引来一片叫好。但细心探究就会发现，这并非新奇之举——早在 20 世纪 80 年代，复旦曾力促与清华、南大互换研究生；2003 年，北大作出"原则上不再留本校博士毕业生当老师，特别优秀的，也需毕业后到国外至少工作或学习两年以上才能回校任教"的规定；此后，南开、浙大等校也相继作出此类规定；《全国教育人才发展中长期规划（2010—2020 年）》更是以国家级文件的高度强调高校要"大幅度减少或不从本校毕业生中直接聘任新教师"。可现实的尴尬是，尽管此类规定层出不穷，但学术近亲繁殖的窘状却并未解决。（《光明日报》）

d. 科学家和数学家研究完美的直线、正方形和三角形。他们研究的对象确实存在，否则所有的几何命题都会是错误的[例如，三角形有三条边；圆是一个圆形的平面图形，其边界由与一个固定点（中心）等距离的点组成；对于任何圆，其周长＝π×直径]。但是，没有人能够画出完美的线、完美的正方形或完美的三角形。每个被画出的图形，总是有不完美的地方，即使只是在分子层面。因此，科学家和数学家从未见过完美的线、完美的正方形或完美的三角形，他们研究的对象不可能是感觉经验的对象。柏拉图的结论是，这些对象一定是作为理想的、无变化的东西

存在于一个超越感觉经验的非物质的世界中。它们被称为"形式"或
"理念"。

第二章习题

一、循环论证是有效论证吗？为什么？

二、逻辑学家对 sound argument 的定义是：前提为真、推理有效的论证。这种论证是好的论证吗？为什么？

三、前提为假的论证一定是无效论证吗？举例说明。

四、下面哪些段落包含论证？为什么？

a. 对我来说，把研究扩展到哲学很重要。不仅因为我对经济学的学术兴趣与哲学关系密切（例如，无论是社会选择理论，还是关于不平等和贫困的研究，都用到了大量的数理逻辑，也都和道德哲学有关），也因为我发现了哲学研究本身的意义。[阿马蒂亚·森（Amartya Sen），诺贝尔经济学奖获得者]

b. 乔治·索罗斯是一位出生于匈牙利的美国商业巨头、投资者、慈善家。他深受其导师卡尔·波普尔的影响。波普尔是 20 世纪最伟大的哲学家之一。谈到波普尔，索罗斯说："他的著作和思想深深影响了我。我曾以为自己的哲学思想是重要的、具有创新性的，我想将这些思想写出来。但我现在意识到，那些思想基本只是对波普尔思想的转述。"

c. 很少有中国学者同时阅读康德和休谟，并对这两位哲学家都有较好的理解。然而，许多中国学者仍然认为康德是比休谟更伟大的哲学家。他们还认为，不同意"康德比休谟更伟大"这个观点的人不是有偏见就是无知。这是一种学术界的"意识形态"。

d. 根据一种低级意识形态，某位哲学家在每个重要的问题上都是正确的，我们只应该研究他的著作，欣赏他的智慧，跟随他的脚步。根据一种高级意识形态，虽然某个哲学家在某些问题上可能是错误的，但他是如此伟大，以至于不研究他的著作就不可能在哲学上取得任何成就。

五、有人认为中国学者必须先把成果发表在中文期刊上（以后可以翻译成英文，在国际期刊发表）。你能想得到的支持这个观点的最好论证是什么？你认为这个论证足够好吗？为什么？

六、有人认为，如果一个本科生对哲学比对其他学科更感兴趣，她应该主修哲学。你同意这个观点吗？为什么？（努力给出一个支持你观点的最好论证。）

第三章习题

一、判断以下论证类型是否有效。说明你的理由。

- 论证一

    1. p∨q
    2. p
    3. q→r
    4. ∴ ¬r

- 论证二

    1. p↔q
    2. ¬p
    3. q∨r
    4. t∧¬s
    5. ∴ ¬(r→s)

二、先使用符号来重写以下论证。然后判断它是否有效。说明你的理由。（用 P 代表"上帝会变化"，用 Q 代表"上帝变得更坏"，用 R 代表"上帝变得更好"，用 S 代表"上帝是完美的"。）

    1. 如果上帝会变化，那么他要么变得更好，要么变得更坏。
    2. 如果他是完美的，那么他就不会变得更坏。
    3. 如果他能变得更好，那么他就不是完美的。
    4. 因此，如果上帝是完美的，那么他就不会变化。（引自 Gensler，*Introduction to Logic*，Routledge，2010，p. 166）

三、条件句"如果 p，那么 q"常见的三种类型分别是什么？是否可以简单地写成"p→q"的形式？

四、判断(p→q)↔(¬p∨q)这个命题是否为真。给出你的理由。

第四章习题

一、条件句和论证有什么区别？"如果你不锻炼，而且吃太多，那么你会变胖。"这是一个论证吗？为什么？

二、好重构的标准是什么？好论证的标准是什么？假设 X 是某论证的一个好重构。X 是一个好论证吗？为什么？

三、有人认为，我们不需要以有效的形式重构论证，他们的理由是："如果文本中的原论证是无效的，但你的重构使其变为有效的，那么你的重构没有尊重文本。好重构必须尊重文本。所以，我们不需要总以有效的形式重构论证。"你同意吗？为什么？

四、哲学家罗素说："爱比恨更好，因为爱调和了不同人的欲望，而没有制造矛盾。"指出下面哪个重构更好，并解释原因。

- 重构一
  1. 爱调和了不同人的欲望，而没有制造矛盾。
  2. 恨制造了不同人欲望之间的矛盾，没有调和。（隐含前提）
  3. 伟大的哲学家都赞美爱而不是恨。（隐含前提）
  4. 所以，爱比恨更好。
- 重构二
  1. 爱调和了不同人的欲望，而没有制造矛盾。
  2. 恨制造了不同人欲望之间的矛盾，没有调和。（隐含前提）
  3. "不同人欲望之间的和谐"比"不同人欲望之间的矛盾"更好。（隐含前提）
  4. 如果 X 导致 C1，Y 导致 C2，且 C1 比 C2 好，那么 X 比 Y 更好。（隐含前提）
  5. 所以，爱比恨更好。

五、哲学家罗素说："当你遇到反对意见时，即使它来自你的丈夫或你的孩子，也要努力通过论证而不是权威来克服它，因为依赖权威的胜利是不真实的、虚幻的。"指出下面哪个重构更好，并解释原因。

- 重构一

  1. 如果胜利依赖于权威，那么它是不真实的、虚幻的。

  2. 你想要取得的成功不是虚幻的。（隐含前提）

  3. 所以，你的胜利必须不依赖于权威。（由 1、2）

  4. 真正的胜利依赖于论证或权威。（隐含前提）

  5. 所以，你应该努力通过论证而不是权威来克服反对意见。（由 3、4）

- 重构二

  1. 依赖于权威的胜利是不真实的。

  2. 依赖于论证的胜利是真实的。（隐含前提）

  3. 真实的胜利比不真实的胜利好。（隐含前提）

  4. 如果 X 比 Y 好，那么你应该追求 X 而不是 Y。（隐含前提）

  5. 所以，你应该追求依赖于论证的胜利，而不是依赖于权威的胜利。（由 1、2、3 和 4）

  6. 如果你应该追求依赖于论证的胜利，而不是依赖于权威的胜利，那么每当你遇到反对意见时，你应该努力通过论证而不是权威来克服它。（隐含前提）

  7. 所以，每当你遇到反对意见时，你应该努力通过论证而不是权威来克服它。（由 5、6）

六、首先，判断以下哪些文段包含论证。其次，用演绎有效的形式重构每一个论证。按照"主论证—副论证—二级副论证——……—n 级副论证"的方式重构。最后，简要地评估每个论证。

  1. 不矛盾律（"命题 p 和 ¬p 不可能都是真命题"）是错的，因为一些逻辑学家质疑它。

  2. 海德格尔是比罗素更伟大的哲学家。约翰研究海德格尔，玛丽研究罗素。所以，约翰的研究比玛丽的研究更重要。

3. 中国学者比美国学者更了解德国哲学，因为中国的文化传统比美国的文化传统悠久和伟大得多。

4. 很多中国的哲学教授认为罗素对柏拉图、亚里士多德、康德、黑格尔等伟大哲学家的思想充满了偏见和误解。所以，罗素的《西方哲学史》不值得读。

5. 根据演绎主义，只有演绎有效的论证是有效论证，演绎逻辑是我们唯一拥有或需要的逻辑。对于所谓的非演绎或归纳或扩充论证①，演绎主义者的策略是：补充某些未被明确陈述的前提，从而将它们改写成演绎论证。例如，典型的"归纳推理"是归纳概括：所有观察到的 A 都是 B，所以，所有 A 都是 B。我们可以补充未被陈述的前提"未观察到的情况类似观察到的情况"，从而使这个论证有效。（艾伦・马斯格雷夫，Alan Musgrave）

---

① 扩充论证是对 ampliative argument 的翻译，指结论超出前提，因而扩充了我们信息范围的论证。归纳论证是一种扩充论证。

综合练习题

习题 1

一、下面哪些段落包含论证？每个论证的前提与结论是什么？

a. 苏格拉底：一个人如果努力地进行身体的训练，吃得很好，却从不接触音乐训练或哲学，会变成什么样的人？……我认为这样的人就会变成一个不懂音乐、讨厌论证的人，他不再用论证来说服人，而是用武力和野蛮来压制人，其行为恰似野兽。他活在尴尬的无知中，其生活全无韵律与优雅。（柏拉图，《理想国》）

b. 我们可以区分两种有价值的东西（goods）：具有工具价值的东西（instrumental goods）和具有内在价值的东西（intrinsic goods）。许多东西可以增进我们的福祉：巧克力、结实的鞋子、疫苗接种、足够的金钱。这些东西为更好的生活铺平了道路——它们有助于使好的人生得以可能，而且在某些情况下，它们对于美好生活是不可或缺的。哲学家们称这些东西为具有工具价值的东西，它们因自己能带来一些其他有价值的东西而具有价值。如果存在具有工具价值的东西，那么也必然存在一些因其自身而值得被追求的东西，其价值（goodness）是独立自足的——它们是本身就有价值的东西，即使它们没有带来其他有价值的东西。这种东西具有内在价值（intrinsically valuable）。它们必然存在，因为如果每个有价值的东西都只具有工具价值，那么就一定会出现无限倒退的链条：A 具有价值是因为它能带来 B，B 具有价值是因为它能带来 C，C 具有价值是因为它能带来 D……要防止无限倒退，必然存在一个东西，其价值是独立自足的。（拉斯·谢弗-兰多，Russ Shafer-Landau）

二、重构以下论证。为了确保重构后的论证是有效的，请根据常见的有效论证形式重构论证。

- 罗素："蠢人对聪明人之言的转述永远不会准确，因为他无意识地将他听到的内容转化成了他可以理解的内容。"

习题 2

一、下面哪些段落包含论证？每个论证的前提与结论是什么？

a. 如果一个东西必须有某个属性，才能存在并成为它所是的那种东西，这个属性就是这个东西的本质属性。如果一个东西有某个属性，但不一定需要该属性才能存在或成为它所是的那种东西，这个属性就是它的偶性。假设弗雷德有一头短发。这对他来说是偶性——如果他把头发留长，或完全剃掉，他也还是弗雷德，还是属于人类。本质属性是事物要成为它所是的事物时（或成为它根本上从属于的那一类事物时）所必须拥有的属性。作为一个人，如果弗雷德没有身体，他就不会存在。所以"拥有身体"是他的一个本质属性。（约翰·佩里：《哲学术语汇编》）

b. 什么是超人？在尼采看来，只要无条件地肯定自己的人生，一个人就会对人生有一种"狄奥尼索斯式"的态度——肯定人生中的一切，包括各种苦难。因此，一个说着"除了第一次婚姻，我很乐意完全重复地再活一次"的人，并不是在尼采所说的意义上肯定人生。一个人在尼采所说的意义上肯定了他的人生，仅当这个人愿意让它永恒地回归，即愿意在永恒中不断地重复他的人生。尼采认为"永恒轮回"是"可以达到的最高的肯定表述"（EH Ⅲ：Z‑1；参见 BGE 56）。超人的特点是对自己的人生有一种独特的、狄奥尼索斯式的态度：超人会欣然接受他的人生永远重复下去。（《斯坦福哲学百科全书》）

二、重构以下论证。为了确保重构后的论证是有效的，请根据常见的有效论证形式重构论证。

- 价值问题不是客观的，因为一个问题是客观的，当且仅当：人们能够对这个问题的正确答案达成共识。

习题 3

一、下面哪些段落包含论证？每个论证的前提与结论是什么？

  a. 在《英国书信集》中，伏尔泰对比了英国的宪政与欧洲大陆的绝对君主制，英国的宗教宽容与罗马教会的态度，牛顿宇宙论和洛克经验主义的解释力与笛卡尔的教条主义。伏尔泰的书被烧毁了；但它的出版标志着一场哲学运动的开始。（波普尔）

  b. 斐多和埃切克拉特（Echercrates）赞美了苏格拉底在对话过程中一直保持着愉快的态度。之后苏格拉底警告他们不变成憎恶论证者（misologues）。他说，憎恶论证与憎恶人类（misanthropy）产生的原因是基本相同的：当一个没有社会经验的人把信任寄托在另一个人身上，却发现对方不可靠时，他的第一反应会把这归咎于人类本性的堕落。然而，如果他有更多的知识和经验，他就不会这么快地做出跳跃性的结论，因为他会意识到：大多数人都处于极度好和极度坏之间，而他只是碰巧遇到了处于极端坏的人。类似的警告也适用于论证：如果有人认为某个论证是好的，但后来发现它不是，他的第一反应是认为所有的论证都是诡辩。然而，与其指责所有论证，讨厌理性的辩论，不如指责我们自己缺乏技巧和经验。（《网络哲学百科全书》）

二、重构以下论证。为了确保重构后的论证是有效的，请根据常见的有效论证形式重构论证。

  • 1955 年，阿尔伯特·爱因斯坦在得知终身好友米歇尔·贝索（Michele Besso）去世后，给贝索的家人写了一封信。爱因斯坦在信中说："现在他比我早一点离开了这个奇怪的世界。这不算什么。像我们这样相信物理学的人都知道，过去、现在和未来的区别只是一种顽固而持久的幻觉。"

习题 4

一、下面哪些段落包含论证？每个论证的前提与结论是什么？

　　a. 把论证从散文形式重构成标准形式的步骤如下：A. 找出结论。B. 找出明确的前提。C. 补充隐含前提，使论证严格有效，且符合作者的意图。D. 为每个前提编号，用"所以"隔开前提和结论。

　　b. 在重构一个论证的过程中，最好暂且搁置对该论证的批判性评估，不要批评它。重构的目标是：尽力站在作者的立场，在尊重文本的基础上，对他的论证给出最宽厚的重构，使他的论证变得最有力。在给出了最好的重构后，我们可以考虑对该论证的批判性评估。

二、下面这段话是否包含一个复合论证？重构主论证和每一级副论证。为了确保重构后的论证是有效的，请根据常见的有效论证形式重构论证。

　　• 乍一看，我面前的桌子是棕色的。但是，一旦我们试图更精确些，麻烦就开始出现了。尽管我相信桌子"真的"全身都是一样的颜色，但是那些反射出光线的部分看起来比其他部分要亮得多，而且有些部分因为反射了光线，看起来是白色的。我知道，如果我移动，反射出光线的部分就会不同，桌子上显现出来的颜色分布就会因此改变。所以，如果有几个人在同一时刻看这张桌子，他们中没有两个人会看到完全相同的颜色分布，因为没有两个人可以从完全相同的视角看到它，而视角的任何变化都会使光线的反射方式发生变化。既然从不同的角度看，桌子有不同的颜色，那么就没有理由认为其中一些颜色比其他颜色更真实。我们知道，即使从一个特定的角度看，桌子的颜色在人造光线下，或对一个色盲的人，或对一个戴着蓝色眼镜的人，都会显得不同。在黑暗中桌子则完全没有颜色——尽管在触觉和听觉上讲，桌子是不变的。因此，颜色不是桌子本身固有的属性，而是取决于桌子、观察者和光线落在桌子上的方式。在日常生活中，当我们谈论桌子的颜色时，我们所说的是一个正常的观察者在通常的光线条件下，从通常的角度所能看到的颜色。但是，在其他条件下出现的其他颜色也同样有权利被认为是真实的；因此，为了避免偏袒，我们不得不否认，桌子就其本身而言有任何一种特定的颜色。（罗素）

习题 5

一、下面哪些段落包含论证？每个论证的前提与结论是什么？

　　a. 在"Deductivism as an Interpretative Strategy：A Reply to Groarke's Defense of Reconstructive Deductivism"一文中，David Godden 区分了两种演绎主义概念。一方面，作为诠释性论题，演绎主义的观点是：所有自然语言论证都必须被诠释为演绎的。另一方面，作为评估性论题，演绎主义的观点是：要有效地得出一个结论，就必须从前提中必然地推出这个结论，换句话说，好的推理都是演绎有效的。

　　b. 洛克区分了心灵之外的事物的两种属性：第一性的质与第二性的质。第一性的质是客观属性，如大小、坚固性和流动性。它们是物体本身所固有的，独立于我们的感觉。即使没有人在周围进行感知，物体仍会具有这些属性。第二性的质是依赖于我们感知的属性，如红色或玫瑰的气味。它们在某种意义上存在于我们的心灵之中，因为它们的存在依赖于感官的运作：只有当有人感知到它们时，它们才存在。（刘易斯·沃恩，Lewis Vaughn）

二、下面这段话是否包含一个复合论证？重构主论证和每一级副论证。为了确保重构后的论证是有效的，请根据常见的有效论证形式重构论证。

　　• 日月星辰、花树水石、飞禽走兽以及我们的身体都被认为是独立于我们心灵而存在的物体。有些哲学家（如唯心主义者）质疑物体的存在，但所有哲学家都同意我们拥有关于物体的观念，比如我们拥有关于太阳的观念，即使太阳可能并不存在。在《第一哲学沉思录》的"第六沉思"中，笛卡尔讨论了自己之所以拥有关于物体之观念的三个可能原因：要么是（a）笛卡尔心灵的一种未知能力导致了他产生关于物体的观念（而实际上没有任何物体存在），要么是（b）上帝在他的心灵中放入了关于物体的观念（而实际上没有任何物体存在），要么是（c）物体真实存在，它们与笛卡尔感官的接触导致了他产生了关于物体的观念。笛卡尔相信只有这三种可能。笛卡尔首先排除了(a)，因为他关于物体的观念独立于他的意志而出现。他不能控制自己关于物体的观念，比如，如果他看见一条蟒蛇，他就会被迫形成对一条蟒蛇的观念，即使他并不想形成这样的观念。笛卡尔接着排除了(b)，他的理由如下：上帝使他自然而强烈地倾向于相信【物体真实存在，它们与他感官的接触导致了他产生了关于物体的观念】。如果他关于物体的观念是上帝植入在他的心灵中的(而实际上没有任何物体存在)，那么这一信念为假。如果这一信念为假，那么上帝是个骗子，毕竟他引导我产生这一信念，又没有给我任何能够用来知道这一信念为假的能力。但上帝是全善全能全智的，不是骗子。在排除了(a)和(b)后，笛卡尔断言物体真实存在，它们与笛卡尔感官的接触导致了他产生了关于物体的观念。（詹姆斯·D.斯图尔特，James D. Stuart）

习题 6

一、以下论证是好的论证吗？为什么？

1. 如果上帝不存在，那么"如果我祈祷，那么我的祈祷就会得到回应"为假。

2. 我不祈祷。

3. 因此，上帝存在。

二、以下这段话是论证吗？为什么？

- 苏格拉底方法在几个世纪以来一直是西方教育的一部分。该方法通常包括以下几个步骤：(1) 有人提问（例如，什么是正义？）；(2) 苏格拉底的对话者自以为是地给出一个答案；(3) 苏格拉底质疑这个答案，指出其不足之处；(4) 为了避免这些不足之处，对话者修改或放弃了原来的答案，给出另一个答案；(5) 多次重复步骤 3 和 4，最终揭示出对话者并不知道他自以为知道的东西。这种否定的结果看上去没有意义，但实际上是一种进步——错误的答案被消除，对话者的观点得到了改善，比一开始更接近真相。（刘易斯·沃恩）

三、重构以下论证。先重构主论证，再重构每一级副论证。为了确保重构后的论证是有效的，请根据常见的有效论证形式重构论证。

- 约翰·塞尔（John Searle）认为电脑不可能理解语言。他让我们设想一个只懂英语、完全不懂中文的人被关在一个房间里。房间里有很多装着汉字的盒子（数据库），以及一本用英文撰写的使用这些汉字符号的指南。这个指南并不是一本英汉互译词典，而是一套回应汉字符号的英文规则（程序），比如：If you see"中国最优秀的女演员是谁？"，respond"不同的人可能有不同的看法，我个人觉得汤唯最优秀"。对于完全不懂中文、只懂英文的人，看到"中国最优秀的女演员是谁？"这一串字符时，即使不理解其含义，也能根据规则写出"不同的人可能有不同的看法，我个人觉得汤唯最优秀"这个回应。假设你的母语是中文，知道房间里有人，但不能进入房间，也看不见房间内的任何东西，不知道房间内的人是否懂中文，只能通过从门缝递字条跟房间内的人沟通。于是你在一张纸上用中文写了一些问题，从门缝递进去。房间里的人当然看不懂，但能够通过汉字指南（遵循程序中的指令），从盒子中选出一些汉字，书写在纸上，从门缝递给你。你看到房间内的人递出来的字，会误以为房间内的人懂中文，因为他写的一串汉字是对你问题的适当回答！这样房间里的人通过了理解中文的图灵测试，虽然他完全不懂中文。如果房间里的人无法根据指南理解中文，那么，电脑也无法仅仅通过执行一套程序而理解中文，因为电脑并不拥有那人没有的任何东西。

习题 7

一、下面哪些段落包含论证？每个论证的前提与结论是什么？

　　a. 分析陈述是逻辑真理，否定分析陈述会导致矛盾。例如，"所有兄弟都是男人"是一个分析陈述。"兄弟"被定义为关系密切的男性同辈，否定"所有兄弟都是男人"，就是说"并非所有兄弟都是男人"——就等于说"有些男人不是男人"。这是矛盾的。再比如，"所有物体都是有广延的（'有广延'的意思是占据一定的空间）"。如果"物体"被定义为具有广延属性的某种东西，否定"所有物体都是有广延的"就等于说"有些有广延的东西不是有广延的"——这也是矛盾的。分析陈述必然为真（不可能为假），却是琐碎的真理，因为它们虽然是真的，但不能给我们任何关于真实世界的信息。比如，说"所有兄弟都是男人"，没有告诉我们世界上是否有兄弟存在，也没有告诉我们世界上是否有男人存在。与之相对照，综合陈述是非分析的，否定它们不会导致矛盾。自然科学专门研究某些综合陈述（比如$E=mc^2$）的真假。我们平常做出的陈述大多也是综合陈述，比如，"在元朝之前，中国一直是人类文明的巅峰"，"金庸写了一本歌颂师生恋的小说"，"一年有 365 天"。有些综合陈述为真，有些综合陈述为假。真的综合陈述能告诉我们关于真实世界的事情。

　　b. 苏格拉底用他的方法证明色拉叙马霍斯对正义的定义是错的。具体而言，他运用了一种常见的论证方法，即归谬法。归谬法的基本思想是：如果你从一组陈述中可以推出矛盾，那么这组陈述中至少有一个命题为假。苏格拉底说：让我们假设色拉叙马霍斯是对的，即（i）正义的行为是符合权势者利益的行为，并且（ii）遵守权势者制定的法则是正义的。但很显然，权势者有时会犯错，要求人们遵守不符合他们利益的法则。因此，如果色拉叙马霍斯对正义的定义是对的，那么一方面，人们做符合权势者利益的事情总是正义的，另一方面，人们做符合权势者利益的事情又不总是正义的。因此，他的正义定义导致了矛盾。所以（i）和（ii）至少有一个是错的。（刘易斯·沃恩，Lewis Vaughn）

二、重构以下论证。先重构主论证，再重构每一级副论证。为了确保重构后的
　　论证是有效的，请根据常见的有效论证形式重构论证。

- 我们如何知道上帝存在？世上的一些事物显然在运动中。当潜在运动
  变为现实运动时，事物开始运动。只有现实运动才能将潜在运动转换
  为现实运动。世上没有事物可以在同一方面同时具有现实性和潜在性
  （即，如果某事物既是现实的又是潜在的，那只可能是它在一个方面是
  现实的，而在另一个方面是潜在的）。所以，世上没有事物可以自行开
  始运动。所以，所有在运动中的事物都是被其他事物所推动的。运动
  序列不能无限延伸。所以，必然存在一个不是被其他事物所推动的第
  一推动者；而根据定义，上帝是第一推动者。（托马斯·阿奎那）

习题 8

一、下面哪些段落包含论证？每个论证的前提与结论是什么？

    a. 休谟和康德都同意，我们不诉诸经验（即先天地）就可以知道分析命题是否为真（休谟把分析命题称为"观念的关系"）。仅仅通过理性，我们就可以知道"所有兄弟都是男人"这类先天分析命题是否为真。但休谟还认为，我们只能后天地（只能通过经验）知道一个综合命题——那些试图提供关于世界的信息的命题——是否为真。他认为先天综合命题是不可能的。然而，康德坚持认为先天综合命题是可能的——我们可以独立于经验地知道某些综合命题是否为真。

    b. 康德的出发点是这个（在他看来显而易见的）前提：科学和数学为我们提供了关于世界的必然的、普遍的知识。他的先验哲学把欧几里得几何和牛顿运动定律都作为先天综合命题。由此，他认为经验主义和理性主义都有根本性的错误，因为这两个理论无法解释先天综合命题何以可能。但是康德的出发点是错的。欧几里得几何和牛顿运动定律都不是先天综合命题。

    c. 康德自信地把自己的理论称为哲学中的"哥白尼革命"。在"太阳围绕地球运行"这一信念盛行（且被教会认可）的时代，尼古拉·哥白尼认为"地球围绕太阳运行"是更好的理论。事实证明，哥白尼是对的。他惊人地颠覆了公认观点，从而提出自己的理论。康德认为自己通过颠覆传统的知识观，以相似的方式发起了革命。几个世纪以来的传统观点是，外部世界中的东西决定了我们感知到什么。当我们的感知符合外部世界时，我们就获得了知识。但康德提出了相反的观点：我们认为外部世界中某些东西（比如花鸟鱼虫）真实存在，因为我们感知到它们，而我们的心灵很大程度上决定了我们能感知到什么。因此，在某种意义上，我们的心灵很大程度上决定了外部世界中哪些东西以哪种方式真实存在。他认为，之所以存在先天综合命题（如欧几里得几何和牛顿运动定律），是因为心灵中的概念将一种（先天的）秩序强加给了（综合的）

经验。这不是说我们的心灵真的创造了世界，而是说我们的心灵组织了我们的经验，我们由此感知到一些对象。经验主义者把心灵看作感觉信息的被动接收者，但康德认为心灵是经验的主动塑造者，把经验塑造为我们可以先天知道的对象。

d. 在哲学中，先验论证是一种从事实推出使其成为可能的必要条件的论证形式。先验论证只是演绎的一种，其典型的形式是："仅当 p 为真时，q 可能为真；q 为真（q 是真命题，描述了事实）；所以，p 为真。"当这种形式的论证出现在哲学中时，有趣和困难之处不在于从前提到结论的常规推导，而在于如何提出主要前提，即出发点。例如，康德试图证明因果律的方式是：提出"仅当因果律为真时，提出能被经验证实的自然科学陈述是可能的"；而事实上人们能提出能被经验证实的自然科学陈述；因此，因果律为真。（《大不列颠百科全书》）

e. 一些学者批评了基于经验主义和理性主义二分的早期近代哲学史叙事。他们认为这一叙事高估了认识论问题对于早期近代哲学家的重要性（认识论偏见），将康德的批判哲学描绘为超越经验主义和理性主义的替代方案（康德偏见），并将康德之前的大部分乃至所有早期近代思想家强行归入经验主义或理性主义阵营（分类偏见）。康德经常被认为是这三种偏见的起源。我的论文《康德论经验主义和理性主义》反对这种观点，论证了康德没有这三种偏见。然而，他提倡的哲学史写作方式会使这些偏见自然流露出来。（阿尔贝托·万佐，Alberto Vanzo）

二、你认为所有西方哲学专业的研究生都应该阅读康德的著作吗？对你的论点给出一个尽可能好的论证，然后针对此论证的某一个前提写一个可能的反驳。反驳必须是一个值得讨论的非循环且有效的论证（想象你的对手非常聪明）。最后，回应反驳。回应必须针对反驳的某一个前提，并且是一个有效且非循环的论证。尽可能给出一个好的回应。

习题 9

一、下面哪些段落包含论证？每个论证的前提与结论是什么？

　　a. 如果法国人没有提供帮助，美国人很可能就无法打赢美国独立战争。

　　b. 哲学的目标之一是：在一个哲学论题上明确给出自己的立场。当然，在明确给出自己的立场之前，需要了解支持这个立场的最强论证是什么，反对这个立场的最强论证是什么，并做一个综合性的评估。理想情况下，你应该能够驳倒对你立场的反驳，并且对相反立场给出有力的反驳。不过，反驳只是另一种形式的论证。所以，持有一个好的哲学立场的关键是善于使用和构造论证。

　　c. 在进行最佳解释推理（Inference to the Best Explanation）时，我们从要解释的现象出发。换言之，我们把描述现象的命题作为前提。然后我们从那些前提推理出对那个现象的一个解释。我们想得到的不是任意一个解释，而是几种可能解释中的最佳解释。最佳解释就是最有可能正确的那个解释。

二、重构以下论证。先重构主论证，再重构每一级副论证。为了确保重构后的论证是有效的，请根据常见的有效论证形式重构论证。

　　• 科学家们已经确定，如果宇宙的二十多个属性与现在仅仅略微有所不同，宇宙中的生命就不可能存在。换言之，为了生命的存在，宇宙似乎被做了"精密调整"（fine-tuned）。例如，如果宇宙大爆炸的力增大或减少仅仅 10^{60} 分之一，生命就不可能存在，因为宇宙要么会自己坍塌，要么会膨胀过快以至于行星无法形成。类似地，如果质子与中子的结合力增大或减少仅仅 5%，生命也不可能存在。对于这种令人难以置信的"精密调整"现象，只有两种可能的解释：（a）它完全是偶然因素导致的；（b）它是上帝的杰作：上帝为了使宇宙适合生命生存，特意将它设计成这样。两者中更好的解释只能是后者，因为"宇宙的那么多属性都恰好能使生命存在纯粹是一种偶然"的假设实在令人难以置信。因此，上帝存在。

习题 10

一、下面哪些段落包含论证？每个论证的前提与结论是什么？

    a. 哲学家们区分了获取知识的两种途径：通过理性和通过感官经验。前者被称为先天：它产生独立于或先于感官经验而获得的知识（换言之，我们仅仅通过理性就可以知道某些命题的真假）。后者被称为后天：它给我们的是完全依赖于感官经验的知识（换言之，我们必须通过观察才知道某些命题的真假）。我们可以先天地知道许多命题——例如，所有单身汉都是未婚的，所有的三角形都有三条边，2＋3＝5，以及某个东西要么是猫，要么不是猫。我们不需要调查每个单身汉，看他们是否真的都是未婚；我们只需要通过思考就能知道这一点。我们知道"某个东西要么是猫，要么不是猫"这句话为真；这是一个简单的逻辑真理——我们不需要观察任何猫就能知道它为真。另一方面，我们似乎也可以后天地知道许多命题——例如，单身汉约翰有着红头发，他刚刚在纸上画了一个三角形，他拿着五支铅笔，以及他的虎斑猫正躺在那个垫子上。要知道这些事情，我们必须依靠我们的感官。（刘易斯·沃恩）

    b. 休谟断言，无论是理性还是经验，都不能为我们提供因果关系存在的证据。我们无法观察到任何能使一个事件产生另一个事件的因果效力。我们的感知并没有给我们任何理由去相信一件事会使另一件事发生。休谟说，我们所观察到的是一个事件与另一个事件前后相继出现，并且空间上邻近。当我们反复看到这种配对时，我们就会得出这两个事件具有因果关系的结论。我们做出这些推论是出于习惯，而不是出于逻辑或经验证据。（刘易斯·沃恩）

二、重构以下论证。先重构主论证，再重构每一级副论证。为了确保重构后的论证是有效的，请根据常见的有效论证形式重构论证。

    • 在进行有关原因和结果的判断时，我们是采用归纳法进行推理的。也就是说，我们假设：在过去互相伴随的事件，在未来也会如此；未来会跟过去一样。这是归纳原则。由于以前的经验,我们期望在未来白天之后就是黑夜,火会烧伤手,面包会给人类提供养分,狗会吠叫。同样,整个科学事业也是在这一原则下运行的,科学家们从经验规律推出对未来事件的预测。乍一看,似乎没有人会认真质疑归纳推理的合法性。但休谟问道:我们有任何理由相信归纳原则吗?什么能证明"未来会跟过去一样"的假设?他认为,这个原则不可能是先天真理,也不可能是后天真理。它不可能是先天真理,因为对先天真理的否定是自相矛盾的(比如否定"狗是动物"会导致自相矛盾),而对归纳原则的否定并不是。它不可能是后天真理,因为无论多少经验上的证据都不能证明它是真的。为什么呢?正如休谟所发现的,坚持认为归纳原则是一个后天真理,就是说它只能通过经验(即归纳)来确立。这相当于说,归纳原则只能用归纳原则来证明。这种循环论证根本无法证明归纳原则的合理性。休谟的结论是:我们没有好的理由相信归纳原则。(刘易斯·沃恩)

习题 11

一、重构以下论证。先重构主论证，再重构每一级副论证。为了确保重构后的论证是有效的，请根据常见的有效论证形式重构论证。

- 我的出发点是以下设定：因缺乏食物、住所和医疗而遭受痛苦和死亡是坏事。我想大多数人都会同意这一点，尽管不同的人可能通过不同方式得出这一点。我的下一个观点是：如果我们有能力阻止坏事发生，且这么做不牺牲任何具有同等道德重要性的东西，那么从道德上看，我们应该这么做。"不牺牲任何具有同等道德重要性的东西"的意思是不导致任何其他同样糟糕的事情发生，或做本身有错的事情，或未能促进某些与我们能阻止的坏事同样重要的道德上的善。这个原则看起来几乎和上一个原则一样没有争议。当我们买新衣服不是为了保暖，而是为了看起来"穿着考究"时（案：中文媒体上充斥着"你的穿衣品位，暴露了你的阅历和修养"之类的文章），我们并不在满足任何重要的需求。就算继续穿旧衣服、把买新衣服的钱捐出去用于饥荒救济，我们也不会牺牲任何重要的东西。同时，这样做可以使另一个人不再挨饿。因此，我们应该把钱捐出去，而不是花在并非用于保暖的衣服上。这么做不是慈善或慷慨的表现，也不是哲学家和神学家所说的"超义务"行为——做了是行善，但不做也没错的行为。相反，我们应该把钱捐出去——不这样做就是错的。（彼得·辛格，Peter Singer）

二、针对彼得·辛格论证的一个前提，写一个反驳。尽可能提出一个好反驳（必须是有效且非循环的论证）。

习题 12

一、重构以下论证。先重构主论证，再重构每一级副论证。为了确保重构后的论证是有效的，请根据常见的有效论证形式重构论证。

- 我们应该反对在体育竞赛中使用基因增强手段。有两个显然的理由。第一是安全问题：举个例子，类固醇有长期的医疗风险。第二个大众熟知的理由是公平问题：如果奥运会普遍禁止各种形式的增强，那么偷偷地或非法地使用就会使其他人处于不利地位。但是，反对在体育竞赛中使用基因增强手段的理由不只有安全和公平问题。除了安全和公平问题，我反对在体育竞赛中使用基因增强手段的主要理由是：它会使体育和竞技比赛不再是一个我们钦佩自然天赋的培养和展示的地方。它会使我们远离体育竞赛的人类维度。想象一下，未来有可能设计出一个仿生运动员（假设是棒球运动员，这是我最喜欢的运动），每次都能击出 600 英尺的本垒打。也许这是个有趣的场面，但这不是体育竞赛。我们可能会钦佩药剂师或工程师，但我们会钦佩那个运动员吗？我们将看不到其中的人类维度和人类自然天赋的展示，而这在我看来正是我们在体育竞赛中所钦佩和欣赏的重点。（迈克尔·桑德尔，Michael Sandel）

二、首先针对迈克尔·桑德尔论证的某一个前提，写一个可能的反驳。尽可能提出一个好反驳（必须是有效且非循环的论证）。然后站在桑德尔的角度，回应这个反驳。尽可能提出一个好回应（必须是有效且非循环的论证）。

附 录 一

如何撰写评估哲学论证的论文

　　哲学工作者很少会同意他人给出的哲学论证。我们对他人论证的评估通常是批评。在批评之前，我们需要厚道地解读他人的论证，对其做一些澄清和辩护，使它更有趣，更值得批评。在批评过程中，我们也要站在对方角度，考虑一些可能的回应，尽力使得我们的批评更有力。

　　下面是我在2014年前后写的一篇论文。之所以把它收在这里，不是因为它具有深刻的哲学洞见，也不是因为它是我的最好作品，而是因为它比较明确地践行了上面提到的原则，可以抛砖引玉，帮助读者更好地理解如何在一篇论文中对批评的对象做澄清和辩护，并站在对方角度讨论一些可能的回应。

为什么相信专家——对一个流行论证的反驳

胡星铭

一、引　言

最近几年，转基因食品安全问题一直有很大的争议。植物分子生物学家倾向认为，转基因食品与非转基因食品一样安全。有些社会学家、经济学家和非学术界人士则认为，转基因食品对人体有严重的危害。我对生物学完全是外行，对转基因更是一无所知，应该相信哪种观点呢？

根据一种流行的看法，我应该相信转基因食品与非转基因食品一样安全，因为这是相关专家——植物分子生物学家——的专业意见。[①] 具体地说：

1. 如果一个人拥有支持某个命题的有力证据，他就应该相信这个命题；反之，他就不应该相信；

2. 对于外行而言，如果知道专家认为某个命题为真，[②]就拥有支持这个命题的有力证据，但如果只是知道其他外行认为某个命题为真，则不拥有支持这个命题的有力证据；

3. 作为生物学外行，我知道植物分子生物学家认为转基因食品是安

---

① 据《中国科学报》的报道，北大生命科学院前院长饶毅认为，由不懂分子生物学的外行不断挑起的转基因论战，经常陷入极端化的情绪表达，并让阴谋论、谣言论等甚嚣尘上，这导致无法进行理性讨论。饶毅建议，研究基因的专家应该多介绍转基因工作及其安全性。参见 https://news.sciencenet.cn/htmlnews/2013/1/273486.shtm。

② 这里的命题特指专家自己领域之内的非常识命题。后面不一一说明。

全的,持相反观点的都是不研究植物分子生物学的外行。①

4. 因此,作为生物学外行,我应该相信转基因食品是安全的,不应该相信转基因食品对人体有严重的危害。

这个论证虽然是针对转基因食品安全问题而言的,但可以推广到其他任何涉及专业知识的问题上。为行文方便,下面我将把这个论证简称为"信赖专家论证"。

"信赖专家论证"不但在科学界广为认可,在哲学界也颇有影响。它的第一个前提是著名的证据主义原则。② 不但许多科学家信奉这个原则,也有很多哲学家主张它。比如,在中国现代学术史上,胡适(1998:507-519)宣传赫胥黎的"严格地不信任一切没有证据的东西",影响深远。又如近代英国数学家和哲学家克利福德(William Clifford 2000:31)说:"只要证据有欠缺,无论何时何地何人,相信什么都是错误的。"当代著名的证据主义者菲尔德曼(Feldman 2000:678)说:"证据有欠缺,则绝不能信。我们应该永远跟着我们的证据走。"

"信赖专家论证"的第二个前提预设了证词证据观(the evidential view of testimony)。证词证据观不仅仅为柯尼和菲尔德曼(Conee & Feldman 2008)等证据主义者所认可,更是当前哲学界的主流观点。它主张一个人的证词(testimony)应该被视为证据(evidence)。③ 比如你妈妈告诉你说,你的出生

---

① 这只是大概的说法。"拥有证据"是一个比较复杂的概念,参见 Feldman(1988)。但本文的论述不依赖于对这个概念的精细分析。

② 一般认为,证据是由真命题构成(更准确地说,是由真信念构成)。不具有命题内容的东西不能成为证据,因为说 X 是 Y 的证据,意味着 X 和 Y 的关系是逻辑上的支持关系,而只有命题之间才有逻辑上的支持关系。如果只有命题才能成为证据,那么,把证据主义原则运用到一切命题(包括常识命题,如"1+1=2","A=A","黑色和白色是不同的颜色","这个世界上有动物和植物"等),可能会导致极端怀疑主义。但认同"信赖专家论证"的人,不必是极端怀疑主义者。他们可以主张证据主义原则只适用于非常识命题,也可以主张非命题也可以成为证据。如证据主义者柯尼和菲尔德曼(Conee & Feldman 2008)认为,不具有命题内容的经验也可以作为证据。有些哲学家(Greco 2000:99-101)虽然不是证据主义者,但持有类似的观点。如果不具有命题内容的经验或直观也可以作为证据,那么彻底的证据主义——把无证不信的原则运用到一切命题——似乎不会导致怀疑主义。

③ 在英语中,testimony 和 evidence 有时可互换,因为 testimony 的意思之一是:proof or evidence that something exists or is true。对于证词证据观的批判性讨论见 Moran (2005),Faulkner (2007)和 Keren (2012)。

日期是 1990 年 9 月 9 日。这是你妈妈的证词。这个证词对你而言是"你的出生日期是 1990 年 9 月 9 日"的一个证据。同样，如果专家告诉外行，转基因食品和非转基因食品一样安全，这便是专家的证词。这个证词对于外行而言是"转基因食品和非转基因食品一样安全"的一个证据。

"信赖专家论证"的第三个前提似乎是最无争议的：虽然我是生物学外行，但我读过许多关于转基因食品安全性的科普和新闻报道，所以我知道植物分子生物学家（如饶毅等）认为转基因食品是安全的，持相反观点的都是不研究植物分子生物学的外行。

然而，下面我将试图论证"信赖专家论证"的三个前提不能都为真。说"一组命题不能都为真"，有两个意思：(a) 这组命题是互相矛盾的，比如 p, p→q, ¬q；(b) 这组命题的合取与一些真命题相矛盾，假设 p 为真，并且 $(q \land r) \rightarrow \neg p$ 也为真，那么 q 和 r 不能都为真。我试图证明的结论是 (b) 意义上的"一组命题不能都为真"，不是 (a) 意义上的。此外，值得一提的是，本文无意反驳"我们应该相信专家"这个结论，也无意反驳某个特定的前提。有可能"信赖专家论证"的结论是正确的，但证据主义原则（第一个前提）是错误的，或者证词证据观（第二个前提）是错误的。本文并不排除这种可能。

二、澄清与辩护

在批评"信赖专家论证"前，我想首先对之做一些澄清和辩护，以表明它至少看上去非常有道理，值得认真对待。

有人可能认为，"信赖专家论证"根本不值得讨论，因为它的第一个前提——如果一个人拥有支持某个命题的有力证据，他就应该相信这个命题——显然错误。毕竟，有力证据不是板上钉钉的终结性证据。一个命题受到有力证据的支持，仍可能是错的，虽然可能性比较小。既然"有力证据"不是终结性证据，那么即使我们拥有支持一个命题的有力证据，也不该相信这个命题，仍应持存疑的态度。

但认同"信赖专家论证"的人可以做如下回应：相信不是确信。相信是一个程度概念。我们平常会区分"完全相信（即确信）"，"非常相信"，"比较相信"，"有点相信"，"半信半疑"，"有点不相信"，"比较不相信"，"非常不相信"，"完全不相信"。只有"完全相信"是彻底没有怀疑的确信，其他都是有所怀疑。自"有点相信"至"完全相信"的状态可统称为"相信"；自"半信半疑"至"完全不相信"的状态可统称为"不相信"（Goldman 2002：51‑72）。如果一个人拥有支持某个命题的有力证据，[①]他虽然不应该确信这个命题，但仍应该至少有点相信或比较相信这个命题，不应该半信半疑（即同等地对待这个命题与其否命题），更不应该倾向相信其否命题。

还有人可能认为，即便如此，"信赖专家论证"仍不值得讨论，因为它的第二个前提——对于外行而言，如果知道专家认为某个命题为真，就拥有支持这个命题的有力证据——显然犯了逻辑学家讲的"诉诸权威错误"。"专家认为某个命题为真"这个事实绝不是支持这个命题的有力证据。毕竟专家也是人，也会出错。历史上几乎所有伟大的专家（包括牛顿、爱因斯坦、达尔文在内）都犯过错。此外，专家有时也会不理性，教条地坚守自己的旧理论，拒斥新学说，如物理学家普朗克所说："一个新的科学真理取得胜利并不是通过让它的反对者们信服并看到真理的光明，而是通过这些反对者们最终死去，熟悉它的新一代成长起来"（转引自 Laudan 1984：18）。因此，我们在学问上不应当诉诸权威，而应该严格地跟着证据走。如胡适说："[我们应该]独立思想，不肯把别人的耳朵当耳朵，不肯把别人的眼睛当眼睛，不肯把别人的脑力当自己的脑力。"（胡适 1998：585）物理学家费曼说："对权威不要有任何尊重；别管是谁说的，而要去看看他的理由是什么，结论是什么，并问你自己：他的说法有道理吗？"[②]

但认同"信赖专家论证"的人可以做如下回应：一般逻辑学教科书上讲的"诉诸权威错误"，是指依赖错误的权威之意见。比如常有人引用爱因斯坦关于教育方面的言论，作为自己观点的依据。这是犯了"诉诸权威"的错误，因为

---

① 此处的证据是指总体证据。有时候，我们既拥有支持 P 的证据，也拥有反对 P 的证据，但总体上我们的证据比较强地支持 P。这时我们可以说：我们拥有支持 P 的有力证据。

② 引自 https://www.washingtonpost.com/archive/entertainment/books/2005/11/06/richard-feynman-plumbed-the-mysteries-of-life-and-physics-with-no-respect-whatsoever-for-authority/0a4dc009-6287-4f74-995a-96dc37480304/。

爱因斯坦不是教育学权威。引用正确的权威，则不被逻辑学家认为是一种错误。如巴柔奈特（Baronett 2008：304）说："依赖专家的证词，能增加结论为真的概率，只要专家的意见属于他的专业领域。"柯匹和柯恩（Copi and Cohen 1998：165）说："当我们从'一个专家持有某个意见推出这个意见正确'时，我们并没有犯任何错误。其实，这种依赖权威在很多事情上对于我们大多数人来说，是必要的。当然，专家的看法，不是终结性的证明；专家之间存在不同的意见，即使意见一致，他们也可能犯错；但专家意见无疑是支持一个结论的合理方式。"因此，如果物理学外行援引爱因斯坦关于物理学的看法为自己的观点辩护，则没有犯"诉诸权威"的错误。上面这个论证中提到的专家，是指正确的、有资格的专家。其第二个前提，只是简便的说法，其完整的内容是：对于不研究 X 的外行而言，"研究 X 的专家认为某个关于 X 的非常识性的命题为真"这个事实是支持这个命题的有力证据；"不研究 X 的外行认为某个关于 X 的非常识性的命题为真"这个事实，则不是支持这个命题的有力证据。为方便行文，下面仍采用简便的说法。

有人可能继续反对说，即使"信赖专家论证"中的"专家"是指正确的、有资格的专家，"专家认为某个命题为真"这个事实也不是支持这个命题的有力证据。比如一些天体生物学家，如弗雷德·霍伊尔（Fred Hoyle）和钱德拉·维克拉玛辛赫（Chandra Wickramasinghe）认为，地球上所有的生命（包括人类）都来自外太空，是通过小行星撞击地球而传播到地球上的。但这一看法目前并未得到大多数天体生物学家的认可。对于外行而言，"一些天体生物学家认为，地球上所有的生命都来自外太空"这个事实似乎不能成为支持"地球上所有的生命都来自外太空"这个命题的有力证据。其实，米兹拉尼（Moti Mizmhi 2013）在刚发表的一篇论文中指出，目前许多研究表明，专家意见的正确概率仅仅比瞎猜好一丁点儿。他的结论是：基于专家意见的论证都是很屡弱的论证。

但认同"信赖专家论证"的人可以做如下回应：虽然"某个专家认为某个命题 P 为真"这个事实并非支持 P 的有力证据；但"绝大多数专家一致认为 P 为真"这个事实，是支持 P 的有力证据。如罗素（Russell 2004：2）所说，当绝大多数专家的意见一致时，外行应该认为，这个一致的意见比起相反的意见来，更可能正确。"信赖专家论证"中讲的"专家",是指绝大多数专家,而非某个专家或少数专家。

然而,反对"信赖专家论证"的人可能会继续反对说,即使事实上绝大多数专家一致认为某个命题为真,这个事实也不是支持这个命题的有力证据。如戈德曼(Alvin Goldman 2001：85－110)所说,如果专家们意见一致只是因为他们都盲目相信其中一位专家的权威,那么从认知角度看,这种一致比起不一致来,没有实质的区别,盖追随者对宗师的赞同并不能使得宗师的意见更可能为真。如果专家受到某种偏见的影响(比如非理性的爱国主义、种族主义等)或个人利益的驱使(比如研究转基因的专家是否受到转基因食品生产公司的资助),即使他们的结论是独立做出的,碰巧一致,这种"碰巧一致"也不能证明他们的意见很可能为真。如果专家们意见一致,是媒体制造出来的假象(有些媒体会为了政治目的制造民意),那就更不能把这种"一致"当成那个意见为真的有力证据了。

支持"信赖专家论证"的人可以做如下回应:戈德曼只是说,在某些情况下,"绝大多数专家一致认为某个命题 P 为真"这个事实的确不是支持 P 的有力证据。但这并不意味着,这个事实在任何情况下都不是支持 P 的有力证据。事实上,如果绝大多数专家没有追随某个宗师,也没有受到某种偏见的影响或个人利益的驱使,而是真正通过独立思考达成一致意见,那么这种"一致"就是那个意见为真的有力证据。我们可以把"信赖专家论证"中的"专家"限定为独立思考、没有受到偏见影响和个人利益驱使的专家。

经由上面的澄清和辩护,"信赖专家论证"似乎言之成理,无懈可击(假设绝大多数研究植物分子生物学的专家事实上的确认为转基因食品是安全的)。然而,下一节我将说明这个论证其实不能成立。

三、批　评

"信赖专家论证"的第三个前提说:"作为生物学外行,我知道研究植物分子生物学的专家认为转基因食品是安全的,持相反观点的都是不研究植物分子生物学的外行。"这个前提要成立,我必须先知道哪些人是研究植物分子生物学的专家，哪些人不是。但我如何判断一个人是不是植物分子生物学专家呢？根据"信赖专家论证"的第一个前提——证据主义原则，我的判断应该建立在有力的证据基础上。如果我没有支持"某人是研究植物分子生物学的专家"这个命题的有力证据，就不应该相信这个命题。

那什么样的东西可以成为支持"某人是研究植物分子生物学的专家"这个命题的有力证据呢？对于这个问题的回答依赖于对"专家"的定义。一般认为，专家和外行的区别在于：专家在其领域里的认知状态远远优于外行。一个人的认知状态可以通过他对认知目标的实现程度来衡量。我们的认知目标是真理。如果长远来看，甲在某领域能够获得的真理数量远远超过乙，那么甲在此领域的认知状态就远远优于乙。在此基础上，戈德曼给出了一个比较符合一般人对"专家"理解的定义——一个人在某个领域里是专家，当且仅当：这个人在这个领域拥有的知识（即 true beliefs①）远远比普通人多，并掌握了一套技能和方法，能够把这些知识恰当、成功地运用到这个领域的新问题上。② 根据这个定义，专家不但在自己领域里实际拥有的真理远远超过外行，而且将来可能拥有的真理也会远远超过外行，因为专家的认知能力是比较高的——专家能把已有的知识恰当、成功地运用到这个领域的新问题上。（一个人之认知能力的高低，取决于这种能力会让他获得多少真信念。如果一个人的认知能力产生的真信念远多于假信念，那么这个人的认知能力就高。反之，就低。）所以，专家在自己领域的认知状态远远优于外行。

依据戈德曼对"专家"的定义，对我而言，拥有支持"某人是研究植物分子生物学的专家"的有力证据，即拥有有力的证据支持以下命题："某人在植物分子生物学这个领域拥有的知识远远比普通人（包括我自己）多，并掌握一套技

---

　　① 戈德曼认为知识有广狭二义。广义的知识即是真的信念（＝正确的看法）。狭义的知识是通过可靠的过程产生的真的信念。通过运气获得的真信念，是广义的知识，但不是狭义的知识。

　　② 戈德曼又区分了广义上的专家和狭义上的专家。这个区分依赖于他对一个领域中两种问题的区分。一种是首要问题，是这个领域研究的主要对象；另一种是次要问题，主要关于这个领域的研究现状。以生物学为例。其首要问题包括"某个物种是如何进化的？""某个物种的进化是否遵循一定的规律？""某种毒素的基因序列是什么？""生命的基本单元是什么？"，等等。次要问题包括"当前研究某个物种的生物学家都提出了哪些观点？他们的证据是什么？"等。广义的专家只要对次要问题有远比外行多的知识即可。狭义的专家则需要在两个问题都有远远超过外行的知识。

能和方法,能够把这些知识恰当、成功地运用到这个领域的新问题上。"如果我缺乏有力的证据支持后者,那么我就缺乏有力的证据支持前者。

然而,对于植物分子生物学这个领域,作为生物学外行,我连最基本的常识都没有,凭什么判断一个人是否在这个领域拥有大量我并不具备的知识?什么样的东西对我这个外行而言能够成为支持"某人(如饶毅)是研究植物分子生物学的专家"的有力证据?

有人可能会说,如果很多其他植物分子生物学专家告诉我"饶毅是植物分子生物学专家",那么我就拥有支持"饶毅是植物分子生物学专家"的有力证据。但事实上,对我而言,要依赖其他植物分子生物学专家的证词,我必须首先确定这些人本身是真正的植物分子生物学专家。但如何判断这些人是不是真正的植物分子生物学专家呢? 这个问题和"如何判断饶毅是不是真正的植物分子生物学专家?"是同一个层面的问题。所以,诉诸其他人的证词,只是把问题向旁边推了一步。

同样,饶毅是否拥有植物分子生物学这个领域的博士学位,是否在专业期刊上发表过这个领域的论文,对我而言,也不能成为"饶毅是(或不是)植物分子生物学专家"的有力证据。因为这些都间接地依赖于其他植物分子生物学专家的证词。以博士学位为例,众所周知,有许多所谓的"博士项目",只是某些人盈利的工具,并不提供专业知识和专业训练,声誉很差。一个人拥有这种博士学位,显然不是"这个人是专家"的有力证据。如果"博士学位"特指声誉良好的博士学位,那么会引起新的问题:所谓"良好声誉",要么是指在专家圈子中的良好声誉,要么是指在外行圈子中的良好声誉。对于某个领域而言,"一个人的博士学位在外行圈子中声誉良好"这个事实,显然不是"他在这个领域内具有的知识远远超过一般人"的有力证据。当然,对于某个领域而言,"一个人的博士学位在专家圈子中声誉良好"这个事实,是"他在这个领域内具有的知识远远超过一般人"的有力证据。但如此一来,仍是依赖专家证词。于是会出现同样的问题:外行要知道一个人的博士学位在专家圈子中是否声誉良好,必须先要知道哪些人构成专家圈子。但外行如何判断谁是专家、谁不是呢? 对于外行而言,什么是有力的证据呢? 这又回到原来的问题。可见,诉诸博士学位,并不能解决这个问题。类似的论证可以表明,诉诸在专业期刊上发表论文,也不能解决这个问题。

还有人可能会说,外行可以根据一个人是否能够做出准确的预测来判断他是不是专家。对于外行而言,如果知道某个人在某个领域内所做的预测比一般人准确许多,就可以判断此人在这个领域内是专家,因为前者是后者的有力证据。比如,假设甲得了病,很多人不知道该如何治,也不能预测病情的发展,而乙做预测说,如果甲吃这种药,那么甲的病就可以痊愈。结果乙的预测完全准确。那么乙就是医药类专家。又比如,我们普通人不能准确预测下一次在何时何地可以观察到日食。如果甲可以做准确的预测,那么甲就是天文学专家。同样,如果饶毅在植物分子生物学这个领域所做出的预测比一般人准确许多,那么他是植物分子生物学专家。

但这个说法有许多问题。首先,许多领域(比如数学、人文科学和绝大多数社会科学)不做任何预测。在这些领域,外行显然无法根据预测是否成功来间接判断一个人是不是专家。其次,有些领域里所做的预测,外行无法独立观察和判断其是否成功。例如,根据爱因斯坦的广义相对论理论,太阳的重力会使光线弯曲,太阳附近的星星视位置会变化。一战过后,英国科学家亚瑟·爱丁顿(Arthur Eddington)率领一个观测队到西非普林西比岛观测 1919 年 5 月 29 日的日全食,拍摄日全食时太阳附近的星星位置,然后把根据牛顿和爱因斯坦理论预测的星星位置分别与实际观测到的结果进行比较。据爱丁顿报告,爱因斯坦理论的预测结果更准确一点。因此,他宣布爱因斯坦的理论得到了证实。当时,全世界几乎所有的科学家与非科学家都接受了爱丁顿的说法。但据最近的科学史研究(Waller 2004：49-63),爱丁顿所报告的星星位置,并非实际观测到的,而是他虚构出来的。如果这个研究的结论正确,那么爱丁顿不但成功愚弄了物理学外行,而且成功愚弄了绝大多数物理学家。可见,有些理论预测,不但外行无法独立观察和判断其是否成功,连专家也无法独立判断。在这些领域里,外行显然无法根据预测是否成功来间接判断一个人是不是专家。最后,在某些领域里,在某些条件下,外行的确可以独立观察和判断某一个预测是否成功,但"一个人在某个领域内所做的某次预测比一般人准确许多"并非"他在这个领域内拥有的真理远远超过一般人"的有力证据。因为这个人可能是胡乱预测,侥幸成功。要排除侥幸成功的可能,必须以"准确预测的成功概率"来衡量：如果做十次预测，超过五次成功，那么就不太可能是侥幸；如果低于五次，则很有可能是侥幸。然而外行即使有能力独立观察和判断预测是否成功，在实际生活中也几乎不可能独立观察到那些（有可能是专家的）人过去在某个领域内所做的所有预测①，因此无法独立判断他们过去之预测的成功概率是否远远高于一般人②。

如果以上的分析正确，那么对我这个外行而言，似乎没有东西能够成为支持"某人是研究植物分子生物学的专家"（"某人"可以是任何人）的有力证据。因此，根据"信赖专家论证"的第一个前提（即无证不信），我就不应该相信任何人是植物分子生物学专家。如此一来，我就不可能知道植物分子生物学的专家认为转基因食品是安全的，持相反观点的都是不研究植物分子生物学的外行。③ 因此，"信赖专家论证"的第三个前提是错误的。

有人可能会回应说，为避免外行无法辨别真假专家的问题，挽救"信赖专家论证"的第三个前提，我们不应该用认知状态的优越性来定义"专家"，而应该用一些让外行容易辨认的特征来定义"专家"。比如，我们可以用名声来定义"专家"：一个人是某个领域的专家，当且仅当这个人在这个领域中有着"专家"的名声。如果许多人说甲是某个领域的专家，那么甲就是这个领域的专家；如果很少人认为甲是某个领域的专家，甲就不是这个领域的专家。根据这个定义，如果许多人告诉我饶毅是植物分子生物学专家，那我就拥有支持"饶毅是植物分子生物学专家"的有力证据。根据证据主义原则，我应该相信饶毅

---

① 外行通常认为那些有着"科学家"头衔的人，其预测的成功概率一定非常高。但许多有着"科学家"头衔的人自己报告说，他们失败的预测远远多于成功的预测，但失败的预测往往不为外人所知。

② 有些哲学家认为，即使外行可以独立地、正确地判断一个人在某个领域内过去所做的准确预测的成功概率远远高于一般人，过去的高成功概率似乎也不是"这个人在这个领域内具有的真理远远超过一般人"的有力证据，因为用一个完全错误的理论做预测，常常也能有很高的准确预测的成功概率。这没有否定准确的预测也是真理，但他在做准确预测时，不仅仅相信了错误的理论，还在运用理论中相信了许多其他相关错误的命题。对于科学反实在论的捍卫，见 Van Fraassen (1980) 和 Laudan (1981)。

③ 本文的一个匿名审稿人认为，此处的论证依赖一个前提：如果我不应该相信 p，那么我就不知道 p。审稿人认为这个前提不够清楚，需要进一步论证，并提供如下思路：(1) 如果我不应该相信 p，那么我没有 justification 去相信 p；(2) 如果我没有 justification 去相信 p，那么我就不知道 p；因此，(3) 如果我不应该相信 p，那么我就不知道 p。我认为这个思路不好，因为 (1) 并不比 (3) 更清楚明白。直觉上，"（从认知角度）我不应该相信我知道的东西"这个命题显然是错误的。"我不应该相信 p，但我知道 p"是"如果我不应该相信 p，那么我就不知道 p"的否命题。既然前者为假，那么后者为真。

是植物分子生物学专家。

然而，这个定义如果正确，那么"信赖专家论证"的第二个前提——对于外行而言，如果知道专家认为某个命题为真，就拥有支持这个命题的有力证据；但如果只是知道其他外行认为某个命题为真，则不拥有支持这个命题的有力证据——就很难成立了。根据这个定义，在某个领域里有着"专家"之名但认知状态实际上远劣于无"专家"之名的人①，也是专家；没有"专家"之名而实际认知状态远优于（或者约等于）有"专家"之名的人，则不是专家。因此，专家的认知状态并不一定优于外行。如果专家的认知状态并不一定优于外行，那么专家的看法就不一定比外行的看法更可能为真。如此，"信赖专家论证"的第二个前提就不能成立了。

我们可以把这一节的论证总结如下：

1. 要么专家的认知状态一定优于外行，要么不一定优于外行。

2. 如果专家的认知状态一定优于外行，那么我（一个外行）缺乏有力的证据支持"某个人是专家"这个命题（按：这个观点似乎可以追溯到柏拉图。他的剧本主角苏格拉底说，没有医学知识的人不能识别真医生和假医生：我们缺乏有力的证据去证明别人拥有大量我们不具备的知识）。

3. 如果"信赖专家论证"的第一个前提——无证不信——是正确的，那么如果我（一个外行）缺乏有力的证据支持"某个人是专家"这个命题，我就不应该相信这个命题。

4. 如果我不应该相信"某个人是专家"这个命题，那么我不知道哪些人是专家，哪些人不是。

5. 如果我不知道哪些人是专家，哪些人不是，那么我不知道专家的观点是什么："信赖专家论证"的第三个前提——作为生物学外行，我知道植物分子生物学家认为转基因食品是安全的——

---

① 本文初稿的一个评论者认为，不可能存在在某个领域里有着"专家"之名但认知状态实际上远劣于无"专家"之名的人。但稍微熟悉中国学术界的人都知道，某些有"专家"之名的教授，其专业水准（认知状态）可能不如普通的本科生。

为假。

6. 因此,如果专家的认知状态一定优于外行,并且"信赖专家论证"的第一个前提——无证不信——是正确的,那么"信赖专家论证"的第三个前提——作为生物学外行,我知道植物分子生物学家认为转基因食品是安全的——为假。(由2—5推出)

7. 如果专家的认知状态不一定优于外行,那么专家的证词不一定比外行的证词更可能为真。

8. 如果专家的证词不一定比外行的证词更可能为真,那么"信赖专家论证"的第二个前提——专家的证词对于外行是证据,但外行的证词对于外行不是证据——就为假。

9. 因此,如果专家的认知状态不一定优于外行,那么"信赖专家论证"的第二个前提——专家的证词对于外行是证据,但外行的证词对于外行不是证据——就为假。(由7和8推出)

10. 因此,要么【如果"信赖专家论证"的第一个前提——无证不信——是正确的,那么"信赖专家论证"的第三个前提——作为生物学外行,我知道植物分子生物学家认为转基因食品是安全的——为假】,要么"信赖专家论证"的第二个前提——专家的证词对于外行是证据,但外行的证词对于外行不是证据——为假。(由1,6和9推出)

11. 因此,"信赖专家论证"的三个前提不能都为真。(由10推出,因为如果 p,q 和 r 都为真,那么 $p \rightarrow \neg q$ 为假,而 $\neg r$ 也为假。但前提10说:要么 $p \rightarrow \neg q$ 为真,要么 $\neg r$ 为真。)

四、小 结

综上所述,"依赖专家论证"虽然看上去无懈可击,实际上却不能成立。这个论证依赖于三个前提:一、如果一个人拥有支持某个命题的有力证据,他就应该相信这个命题,反之,他就不应该相信;二、对于外行而言,如果知道专家认为某个命题为真，就拥有支持这个命题的有力证据，但如果只是知道其他外行认为某个命题为真，则不拥有支持这个命题的有力证据；三、作为生物学外行，我知道研究植物分子生物学的专家认为转基因食品是安全的，持相反观点的都是不研究植物分子生物学的外行。如果我上面的分析不错，那么这三个前提不能都为真。否定第三个前提，似乎太违背直觉。但如果接受第三个前提，就必须否定第一个前提或第二个前提。这个结果对菲尔德曼和柯尼等证据主义者来说，是一个严重的挑战，因为他们同时肯定第一个前提和第二个前提。①

　　（本文初稿曾得到凤琼、刘金鑫、马得草和胡龙彪的指正，在此致谢！本文以《为什么相信专家》为题，原载于《哲学评论》第 14 辑。在收入本书之前，作者做了几处澄清性的增删。）

参考文献

Baronett，Stan（2008）. *Logic*. New York：Pearson Prentice Hall.

Clifford，William（2000）. The Ethics of Belief. In Brian Davies（ed.），*Philosophy of Religion：A Guide and Anthology*. Oxford：Oxford University Press.

Conee，Earl & Feldman，Richard（2008）. Evidence. In *Epistemology：New Essays*. Ed by Quentin Smith. Oxford：Oxford University Press，83‑104.

Copi，I.，& Cohen，C.（1998）. *Introduction of Logic*. New Jersey：Prentice Hall.

Faulkner，Paul（2007）. On Telling and Trusting. *Mind* 116（464）：875‑902.

Feldman，Richard（1988）. Having Evidence. In D. F. Austin（ed.），

　　①　Conee & Feldman(2008)似乎会否定以下命题：如果专家的证词不一定比外行的证词更可能为真，那么"信赖专家论证"的第二个前提——专家的证词对于外行是证据，但外行的证词对于外行不是证据——就为假。但否定这个命题会导致一些反直觉的结果。

Philosophical Analysis. Kluwer Academic Publishers，83－104.

Feldman，Richard（2000）. The Ethics of Belief. *Philosophical and Phenomenological Research* 60（3）：667－695.

Keren，Arnon（2012）. On the Alleged Perversity of the Evidential View of Testimony. *Analysis* 72（4）：700－707.

Goldman，Alvin I.（2001）. Experts：Which Ones Should You Trust? *Philosophy and Phenomenological Research* 63（1）：85－110.

Goldman，Alvin I.（2002）. *Pathways to Knowledge：Private and Public.* Oxford：Oxford University Press.

Greco，John（2000）. *Putting Skeptics in Their Place：The Nature of Skeptical Arguments and Their Role in Philosophical Inquiry.* New York：Cambridge University Press.

Laudan，L.（1984）. *Science and Values：The Aims of Science and Their Role in Scientific Debate.* Berkeley：University of California Press.

Mizrahi，Moti（2013）. Why Arguments from Expert Opinion Are Weak Arguments. *Informal Logic*，33（1）：57－79.

Moran，Richard（2005）. Getting Told and Being Believed. *Philosophers' Imprint* 5：1－29.

Russell，B.（2004）. *Sceptical Essays.* New York：Routledge.

Waller，J.（2004）. *Fabulous Science：Fact and Fiction in the History of Scientific Discovery.* New York：Oxford University Press.

胡适（1998）. 胡适文集（Vol. 12）.北京：北京大学出版社.

附 录 二

关于好论证之标准的哲学反思

我们做论证,常常带着不同的目的。有时候,我们为了赢得别人的选票而做论证,比如,一个候选人对选民说:"你们应该投我一票,因为只有我的承诺是明确的、可验证的:如果当选,我会在五年之内将人均收入提高一倍;做不到,就绝不再谋求连任。"有时候,我们为了安慰别人而做论证,比如,一个老教授对申请项目失败的年轻同事说:"申请项目不成功是很正常的事,对你也是一个体验过程的机会!"有时候,我们为了阻止别人作恶而做论证,比如一个僧人对听众说:"恶有恶报,做了坏事,一定会遭到报应,不是报应在自己身上,就会报应在自己的亲人身上。"有时候,我们为了帮助别人获得知识而做论证,比如,一个老师对学生说:"任何四边形的内角和都是 360 度,因为任何四边形都可以分为两个三角形,而任何三角形的内角和都是 180 度。"

我们可以根据一个论证是否实现了它的目的来评估这个论证。比如,如果一个候选人做出某个论证的目的在于说服大多数选民投票给她,而这个论证的确让大多数选民投票给她,那么这个论证便是一个好的、成功的论证,即使它的前提与结论都是错误的,从前提也推不出结论。如果一个老师做出某个论证的目的在于帮助学生获得知识,而这个论证的确让学生获得了知识,那么这个论证便是一个好的、成功的论证,即使它没有让学生获得安慰,也没有让学生更喜欢老师。

在学术研究中,我们做论证的目的是帮助听众(有时候也包括自己)获得认知上的成功。因此,在评估一个论证时,我们不考虑它是否能讨好听众、安慰听众或阻止听众作恶。我们只考虑它是否能帮助听众获得认知上的成功。如果它能帮助听众获得认知上的成功,就是好的论证;如果它不能,就不是好的论证。在这个意义上，我们可以把学术研究中好的论证称为"认知上好的论证"（epistemically good argument）。①

当一个论证满足什么标准时，它是认知上好的论证？本文将考察对这一问题两个有影响的回答，说明每个回答面临的问题，并简略地介绍我对这一问题的回答。

一、知识主义

什么是认知上的成功？根据某些人的观点，认知上的成功＝获得知识。因此，一个认知上好的论证是能帮助听众获得知识的论证。更具体地说：

> 一个论证是认知上好的论证，当且仅当：如果听众事先不知道其结论是否为真，但能准确理解这个论证的意思，那么他们能通过【相信这个论证的前提并看出前提是支持结论的好理由】而知道其结论为真。

为简便起见，可以将此观点称之为"知识主义"。知识主义有几个重要的蕴涵。首先，如果一个论证的前提不是支持其结论的好理由，那么它不是认知上好的论证。具体言之，一个论证是认知上好的论证，仅当：在某些情况下，听众能看出这个论证的前提是支持其结论的好理由。而听众能看出一个论证的前提是支持其结论的好理由，仅当：这个论证的前提事实上是支持结论的好理由。换言之，如果一个论证的前提事实上不是支持其结论的好理由，那么任何人都无法看出它的前提是支持其结论的好理由。因此，根据知识主义，如果一个论证的前提不是支持其结论的好理由，那么它不是认知上好的论证。这进一步意味着认知上好的论证必须是演绎有效（deductively valid）或归纳强

---

① 在论证理论中，有一派观点被称为"认识论路径"（the epistemological approach to argumentation），与非认识论路径（比如哈贝马斯的商谈理论）是竞争关系，参见 Lumer, C.（2005）。我认为认识论路径与非认识论路径不必是竞争关系：前者可以被理解为从认知角度评估一个论证，而后者可以被理解为从非认知角度评估一个论证。

健的（inductively strong），因为对于一个演绎无效且归纳孱弱的论证，前提并不是支持结论的好理由。① （注意：演绎主义者认为归纳论证的前提不能构成支持其结论的好理由。因此，接受演绎主义的知识主义者会认为认知上好的论证必须是演绎有效的。）

其次，根据知识主义，认知上好的论证不能是"因为 p，所以 p"这种循环论证，因为对于这种循环论证，前提并不构成支持结论的好理由。如果听众知道其前提为真，就等于知道其结论为真，但不是通过【相信这个论证的前提并看出前提是支持结论的好理由】而知道其结论为真；如果听众不知道前提为真，更无法通过【相信这个论证的前提并看出前提是支持结论的好理由】而知道其结论为真。②

再次，知识主义似乎也蕴含了以下观点：如果听众不知道一个论证的前提为真，那么这个论证也不是认知上好的论证。这背后的预设是：如果一个人不知道 p 为真，那么对于他而言，p 不能构成相信 q 的好理由。[哲学家蒂莫西·威廉姆森（Timothy Williamson）认为，只有知识才能构成证据：如果一个人不知道 p 为真，那么对此人而言，p 不能构成相信 q 的证据。]而如果 p 为假，那么任何人都无法知道 p 为真。③ 因此，如果 p 为假，那么对于任何人而言，p 不能构成相信 q 的好理由。这意味着如果一个论证的前提为假，那么对于任何人而言，该论证的前提都不能构成相信其结论的好理由。因此，根据知识主义，如果一个论证的前提为假，那么它不是认知上好的论证。

---

　　① 此处假设所有非演绎的论证都是归纳论证。有些学者认为溯因论证、类比论证等既不是演绎论证，也不是归纳论证，而是所谓的"第三类论证"。

　　② 有人可能认为，循环论证的前提可以完美支持结论，毕竟是有效论证，故在此意义上前提也为结论提供了好理由。但我们需要区分"逻辑上支持"和"认知上支持"。"逻辑上支持"通常仅仅是"逻辑上蕴涵"的意思，而"p 逻辑上蕴涵 p"与"p 是支持我们相信 p 的好理由"是两个不同的命题，前者显然为真，后者则为假。当然，有些哲学家提出，在某些特殊的情况下，"p 是支持我们相信 p 的好理由"为真。比如，罗伊·索伦森（Sorense 1991：252–253）认为以下论证是好的论证：有些论证是用黑墨水写的，因此，有些论证是用黑墨水写的。这个论证能帮助我们知道其结论为真，因为这个论证本身就是用黑墨水写的（自指）。但正如戈德曼（Goldman 2003：55–56）所说，当我们看到这个论证时，我们在心理上做了一个不同的论证：索伦森给出的论证是一个用黑色墨水写的论证，因此，有些论证是用黑墨水写的。真正帮助我们知道有些论证是用黑色墨水写的，是戈德曼说的这个论证，而非索伦森给出的论证。

　　③ 大多数哲学家都认为知识是事实性的（factive）：如果 S 知道 p，那么 p 为真。参考 Goh, Esther & Choo, Frederick（2022）。

根据上面的分析，本书第二章给出的好论证的三个必要条件（即有效、非循环、前提都为真）与知识主义是一致的。许多哲学家也持有与知识主义相似的观点。比如哲学家 G. E. 摩尔（G. E. Moore 2013：166）在他的经典论文《对外部世界的证明》（"Proof of an External World"）中写道：

> 一个（好的）证明必须满足三个条件：（i）证明的前提与结论不同：没有一个前提是对结论的重复；（ii）我知道证明的前提都为真：仅仅相信这些前提为真，或者这些前提事实上为真，是不够的（星铭按：因为即使 p 事实上为真，我也相信 p 为真，我也可能不知道 p，因为我可能是蒙对的，而蒙对不等于知道）；（iii）证明的结论可从其前提中推出。

摩尔的这一观点显然与知识主义一致。虽然他没有明确说：从纯粹的认知角度，论证的目标是帮助听众获得知识，但知识主义与他给出的三个必要条件非常契合。

二、理性主义

然而，不是每个哲学家都赞同知识主义。对于知识主义的一个重要反驳是：认知上的成功≠获得知识；获得合理的信念（rational or justified belief），也是认知上的成功。一个论证如果能帮助听众获得合理的信念，便是认知上好的论证。更具体一点说：

> 一个论证是认知上好的论证，当且仅当：如果听众事先不相信其结论或不是合理地相信其结论，但能准确理解这个论证的意思，那么他们能通过【相信这个论证的前提并看出前提是支持结论的好理由】而合理地相信其结论。

为简便起见，我们可以把这种观点称之为"理性主义"（rationalism or

justificationism)。很多哲学家(如理查德·费尔德曼、阿尔温·戈德曼等人)都持有(某种版本的)理性主义观点。

　　理性主义与知识主义的最大不同是：根据知识主义，任何结论为假的论证都不是好的论证，因为这样的论证无法帮助听众知道其结论为真。然而，根据理性主义，有些结论为假的论证可能是认知上好的论证，因为这样的论证可以帮助听众合理地相信其结论。假设 A1 是一个演绎无效(deductively invalid)但归纳强健(inductively strong)的非循环论证。假设 A1 的前提都为真，而结论为假。听众知道 A1 的每个前提为真，又看出它的前提是支持结论的好理由，那么 A1 可以让听众合理地相信其结论。根据理性主义，A1 便是一个认知上好的论证。但知识主义者不会同意。

　　有些理性主义者进一步认为，即使一个论证的前提和结论都为假，它仍可能是好的论证。假设 A2 是一个演绎有效(deductively valid)的非循环论证，它的前提是 A1 的结论。A2 的结论也是一个假命题。假设听众合理地相信 A2 的前提，又看出从这个前提可以演绎有效地推出结论，那么 A2 可以让听众合理地相信其结论。根据理性主义，A2 也是一个认知上好的论证。注意：这个观点否定了我们之前提到的一个观点，即如果一个人不知道 p 为真，那么对于他而言，p 不能构成相信 q 的好理由。否定这个观点的理性主义者认为，即使 p 为假，只要一个人合理地相信 p，又看出从 p 可以推出 q，那么对于他而言，p 就构成了相信 q 的好理由。

　　当然，根据理性主义，如果听众不是合理地相信一个论证的某个前提，那么这个论证不是认知上好的论证。这是因为如果一个人不是合理地相信 p，即使他相信 p，并且看出 p 逻辑上蕴含 q，也无法通过【相信 p 并看出 p 是支持 q 的好理由】而合理地相信 q。

　　其次，根据理性主义，演绎无效且归纳孱弱的论证不是认知上好的论证。这是因为如果从 p 不能演绎有效地推出 q，也不能归纳强健地推出 q，那么 p 无法构成支持 q 的好理由；即使一个人合理地相信 p，也无法通过【相信 p 并看出 p 是支持 q 的好理由】而合理地相信 q。

　　此外，根据理性主义，"因为 p，所以 p"这种循环论证也不是认知上好的论证。这是因为 p 无法构成支持 p 的好理由；即使一个人合理地相信 p，也无法通过【相信 p 并看出 p 是支持 p 的好理由】而合理地相信 p。

　　总而言之,根据理性主义,一个认知上好的论证必须符合三个条件:(1)听众合理地相信每个前提;(2)演绎有效或归纳强健;(3)非循环。[1] 理性主义与知识主义的一个核心区别是:根据知识主义,一个论证是认知上好的论证,仅当:听众知道每个前提为真。S 知道 p,意味着 S 合理地相信 p,并且 p 为真。因此,知识主义会同意理性主义的三个必要条件,但还加了一个必要条件:每个前提都为真。而一些理性主义者认为,"S 合理地相信 p"并不蕴含"p 为真";前提为假的论证仍可能是认知上好的论证。

三、个体相对主义

　　无论是知识主义还是理性主义都会导致个体相对主义:对于听众 S1 来说是好的论证,对于听众 S2 来说未必是好的论证。这是因为一个人是否相信某个命题,对某个命题的相信是否理性,都依赖于这个人的背景信息和理智能力。对于同一个论证,可能 S1 相信它的每个前提,但 S2 却不相信某些前提。即使 S1 和 S2 都相信每个前提,也可能 S1 是合理地相信,而 S2 却不是合理地相信。考虑以下论证:

1. 如果一个领导在平时惩罚批评自己观点的人,大多数人在领导征询意见时就不敢畅所欲言(只会沉默,或者说领导爱听的话)。
2. 如果大多数人在领导征询意见时不敢畅所欲言(只会沉默,或者说领导爱听的话),领导就不能集思广益。

---

　　[1] 理查德·费尔德曼(Feldman 1994:179)给出的理性主义版本是:An argument is a good argument for person S if and only if (i) S is justified in believing the conjunction of all the premises of the argument,(ii) S is justified in believing that the premises are "properly connected" to the conclusion, and (iii) the argument is not defeated for S. 第三个条件中的"被削弱"(defeated)是针对归纳论证而言的:假设你知道一个归纳论证的前提都为真,在缺乏相关信息的情况下,你可以合理地相信这个论证是归纳强健的论证(比如"几乎所有篮球运动员的身高都在175 cm 以上。张三是一个篮球运动员。因此,张三的身高很可能在175 cm 以上")。但一旦你获得相关信息(比如,张三将在你们学校做一个演讲,题目是"矮个子也能成为优秀的篮球运动员:我的故事"),你就无法合理地相信这个论证是归纳强健的论证。在这种情况下,这个论证就被削弱了(defeated)。

3. 如果领导不能集思广益，就容易做出错误的决策。

4. 因此，如果一个领导在平时惩罚批评自己观点的人，容易做出错误的决策。

假设你相信这个论证的结论，是因为你有好的理由相信它的每个前提并且看出它是个有效、非循环的论证。那么根据理性主义，这个论证对你而言是个好的论证。如果这个论证的每个前提为真，那么根据知识主义，这个论证对你而言也是个好的论证（此处不考虑盖梯尔问题）。然而，假设我与你不同：我在理解这个论证的情况下，仍然不相信这个论证的结论，因为我不相信这个论证的前提3——我认为英明的领袖不需要集思广益也能做出正确的决策。那么无论是根据理性主义还是根据知识主义，这个论证对我而言都不是个好的论证。

值得一提的是，这种相对主义不是说，一个论证对于某个人来说是好的论证，当且仅当：这个人认为这个论证是好的论证。假设一个论证是无效的，但我相信这个论证是有效的。又假设我拥有反对这个论证之前提的大量证据（并且缺乏支持其前提的证据），但依旧相信它的前提。那么我无法通过【相信这个论证的前提并看出前提是支持结论的好理由】而合理地相信其结论。因此，无论是根据理性主义还是根据知识主义，这个论证对我而言都不是好的论证，即使我主观上认为它是好的论证——我主观上认为我通过【相信这个论证的前提并看出前提是支持结论的好理由】而合理地相信其结论。

有些哲学家（比如理查德·费尔德曼）认为理性主义所导致的个体相对主义是正确的：论证本来就是相对于听众而言的，对于一些听众是好的论证，对于另一些听众可能是不好的论证。① 这一点不但是正确的，而且有重要的蕴含：我们在做论证时，一定要考虑听众的背景。比如，对外行做哲学论证，一定

----

① 费尔德曼（1994：182）写道："假设你和我正在评估一个我们都知道是有效的论证。你知道前提是真的，而我没有理由相信它们是真的。你会得出结论说这个论证是好的，而我会得出结论说它不是。认知理论（即理性主义）有这样的蕴涵：我们得出的结论都是正确的。这个论证对你来说是一个好的论证，但对我来说却不是一个好的论证。我觉得这个蕴涵是正确的。这个论证确实为你提供了相信其结论的充分理由，但不是为我。"

要以他们认可的观点作为前提，把论证的每一步都解释清楚（最好用日常生活中的例子解释）。对于同行做哲学论证，则不必考虑外行的观点，只需要以同行认可的观点作为前提，也不必解释论证的每一步，因为有些推理对于同行来说已足够清楚。

然而，个体相对主义似乎很难解释我们关于数学论证（以及自然科学论证）的评判标准。以费马大定理（Fermat's Last Theorem）为例。1637 年（明朝崇祯十年），法国数学家费马阅读了罗马数学家丢番图（Dióphantos ho Alexandreús）的《算术》，在这本书的边页上写道：

> 将一个立方数分成两个立方数之和，或一个四次幂分成两个四次幂之和，或者一般地将一个高于二次的幂分成两个同次幂之和，这是不可能的。关于此，我确信我发现了一种美妙的证法，可惜这里的空白处太小，写不下。

费马在这里宣称，他能够证明以下命题：当整数 n > 2 时，关于 x，y，z 的方程 $x^n + y^n = z^n$ 没有正整数解。但因为丢番图的书空白处太少，他写不下这个证明。遗憾的是，他也没有在其他地方写出这个证明。但数学界为了纪念他的贡献，仍把这个命题称之为"费马大定理"。自费马之后，无数数学家和数学爱好者都对这一定理给出了自己的证明。1906 年，德国医生保罗·沃尔夫斯凯尔（Paul Wolfskehl）在遗嘱中特别设了一个奖，规定第一个证明费马大定理的人，可以获得 10 万马克（相当于 1997 年的 100 万英镑，800 多万人民币）奖金。在奖金公布的第一年，沃尔夫斯凯尔奖委员会就收到 621 个证明。到 1970 年，沃尔夫斯凯尔奖委员会一共收到数千个证明，所有纸张叠加达到 3 米高，但这些证明都被相关领域的数学专家认为是错误的。1993 年 6 月，英国数学家安德鲁·怀尔斯（Andrew Wiles）宣布他证明了费马大定理，但很快被同行发现证明中有严重的错误。怀尔斯试图纠正这个错误。可是，到 1994 年 9 月，怀尔斯开始觉得他的错误是致命的，无法纠正，想放弃了。但很快，他灵光乍现，有了一个新的想法，于是重写他的证明。1995 年，他的证明通过了同行的检验,被声誉极高的数学期刊 Annals of Mathematics 接受。[①] 然而,即使在数学界公认怀尔斯成功地证明了费马大定理后,一些数学爱好者仍拒绝接受怀尔斯的证明,并提出了各种各样的新证明。但这些新证明都没有获得数学界的认可。

从费马大定理的证明历史来看,一个认知上好的、成功的数学论证是有客观标准的。怀尔斯的论证符合这个客观标准,因此它是客观上好的、成功的论证,不仅仅是对数学专家而言,对所有人而言,它都是好的、成功的论证。从"某个数学爱好者不相信(或不是合理地相信)怀尔斯论证的某些前提"推不出"怀尔斯论证对这个人而言不是好的、成功的论证"。我们会说,认知上有问题的是这个人,而不是这个论证。这个人应该改进自己的数学能力、学习更多的数学知识,努力去理解怀尔斯论证。怀尔斯无需为这个人修改自己的论证。

然而,根据理性主义和知识主义,怀尔斯的证明对于某些人是认知上好的论证,对于另一些人——那些不相信(或不是合理地相信)某些前提或看不出有效性的人——则不是认知上好的论证。此外,因为理性主义不要求一个认知上好的论证的前提都为真,在怀尔斯之前或之后的一些证明也可能——根据理性主义——对于某些人是认知上好的论证(虽然对于相关领域的杰出数学家不是认知上好的论证)。如此一来,我们就不能说:"怀尔斯第一次成功地证明了费马大定理。"我们只能说:"对于某些人而言,怀尔斯第一次成功地证明了费马大定理,但对于另一些人而言,他的证明则不是成功的。"如果你觉得这个说法很荒唐,那么你似乎必须否定理性主义和知识主义。

四、客观主义

彼得·范·因瓦根(Peter van Inwagen,2006)认为,我们可以对理性主义做一些改造,将之变成一种客观主义。他的核心想法是:论证是我们在与他人辩论时做出的。辩论的范式是法庭辩论:原告与被告立场相反,各有一位代表自己立场的律师,两个律师在听众——由法官/陪审团构成——面前反驳

[①] 参考 Singh, S. (1997)。

对方的立场，为己方的立场辩护。他们的目的不是要说服对方，而是要说服听众。成功的论证是能说服所有（或大多数）听众的论证。假设听众是法官一人（没有陪审团），一个成功的论证便是说服法官的论证，即使它不能说服其他人。假设听众是由 23 名陪审员组成的团体，一个成功的论证便是说服所有（或大多数）陪审员的论证，即使它不能说服其他人。①

然而，法庭辩论中成功的论证不一定是认知上好的论证。原因有三：（i）可能一方律师能说会道，懂得如何挑情绪、带节奏，而另一方律师的口才很差，或没有发挥好，导致其在论辩时明显落在下风。在这种情况下，听众很容易被前者的论证说服，即使细究之下，这些论证不是诉诸不相关的权威，就是诉诸情绪。（ii）听众的时间、精力、耐心和推理能力都是有限的，常常带着偏见（在未听辩论时已经有了倾向，比如歧视黑人和女性，或对黑人和女性有正面的偏见），有时还会感情用事（比如因为被告和自己的经历相似而特别偏爱被告，或因为控方律师长得好看而觉得他讲什么都有道理）。（iii）辩论的环境可能不够好，导致听众不能集中注意力，或误以为听清楚了双方的论证，而实际上没有听清楚。

为避免这些问题，范·因瓦根（2006：47）用"理想辩论者"（ideal debaters）、"理想听众"（ideal audience）和"理想环境"（ideal circumstances）三个概念去定义认知上成功的论证：

> 对 p 的论证是成功的，当且仅当：在理想环境中，面对理想辩论者的质疑，这个论证依旧可以说服本来对 p 是否为真保持中立（即悬置判断）的理想听众，让他们转而相信 p。

理想环境是指辩论者（p 的支持者和反对者）以及听众都有"一个安静、舒适的房间，一块黑板，以及足够的粉笔和时间"（van Inwagen 2006：43）。理想辩论者需要满足以下两个条件：

---

① 法庭辩论中的论证通常是非常复杂的论证，由若干原子论证构成。

1. "【他们】具有高到不能再高（highest possible）的智力，以及高到不能再高的哲学和逻辑敏锐性，并且他们在理智上是诚实的——当他们在考虑某个观点的论证时，他们会尽力去理解这个论证并冷静地评估它。"

2. "【他们】有无限的时间可供支配，并有超常的耐心；他们像【林肯在美国内战中任命的】格兰特将军一样，准备在这条战线上战斗到底。① 即使他们的对手认为有必要对一个偏僻的领域——与辩题的相关性并不明显的领域——进行一些冗长的离题讨论，他们也会配合。"（van Inwagen 2006:42-43）

理想听众跟理想辩论者一样，一方面具有高到不能再高的智力，以及高到不能再高的哲学和逻辑敏锐性，另一方面，他们在理智上是诚实的，有无限的时间可供支配，并有超常的耐心。理想听众与理想辩论者的唯一区别是：在辩论之前，理想的听众对 p 并无立场，既不相信 p，也不相信非 p，只是非常想弄清楚 p 是否为真。

显然，一个支持 p 的论证要说服理想听众，不能是演绎无效且归纳孱弱的，也不能是"因为 p，所以 p"这种循环论证。此外，一个支持 p 的论证要说服理想听众，其前提必须是理想听众相信的。一个人是否相信某个前提，依赖于他的背景信息。理想听众具有什么样的背景信息呢？他们是除了不知道 p 是否为真之外，知道其他一切吗？范·因瓦根对理想听众的界定是：他们来自我们的时代和文化，因此分享我们这个时代和文化的信念——他们的信念在我们这个时代和文化中是被普遍接受的。然而，在我们这个时代和文化中，被普遍接受的信念仍可能为假。因此，根据范·因瓦根的界定，理想听众有可能相信一些假命题。这个界定意味着一个支持 p 的论证要说服理想听众，其前提可以为假，但必须是在我们这个时代和文化中被普遍接受的，或者可以从在我们这个时代和文化中被普遍接受的观点中（演绎有效或归纳强健地）推出来。

---

① 此处范·因瓦根间接引用了格兰特的名言：I propose to fight it out on this line if it takes all summer.

　　范·因瓦根关于成功论证的标准比较客观：在理想环境中，面对理想辩论者的质疑，如果一个论证能说服来自我们这个时代和文化的理想听众，那么它就是成功的论证，即使它不能说服现实中的许多人。有人可能会认为范·因瓦根的标准是空洞的：现实中没有理想环境、理想辩论者和理想听众，因此我们无法在现实中运用范·因瓦根的标准来判断某个论证是不是认知上成功的论证。范·因瓦根的回应是：如果一个论证连续几十年能说服现实中几乎所有的第一流相关专家，那么在理想环境中，面对理想辩论者的质疑，它也很可能说服来自我们这个时代和文化的理想听众，因此很可能是一个成功的论证。如果一个论证连续几十年不能说服现实中许多第一流相关专家，那么在理想环境中，面对理想辩论者的质疑，它也很可能不能说服来自我们这个时代和文化的理想听众，因此很可能是一个不成功的论证。

　　值得注意的是，虽然范·因瓦根关于成功论证的标准是比较客观的，但这种观点不是一种绝对主义，而是一种文化相对主义：在一个时代和文化中认知上成功的论证，在另一个时代和文化中，则可能是失败的。范·因瓦根明确接受这一点，他说："一个论证能够成功说服 18 世纪的听众，让他们相信空间是无限的，完全有可能无法说服我们这个时代的听众。"（van Inwagen 2006：47）

　　范·因瓦根的文化相对主义似乎可以解释为什么我们会认为评判一个数学论证是否成功的标准是客观的。因为最基本的数学命题——数学证明所诉诸的最终前提（公理）——通常是跨时代和文化的：它们中的绝大多数在任何时代、任何文化中都会被普遍接受。因此，一般而言，对古希腊人而言是成功的数学论证，对于其他时代和文化的人，都依旧是成功的数学论证。当然，也有例外，因为有一些原来被普遍接受的基本数学命题（比如欧几里得的第五公设），后来被修改或放弃了。

五、理想听众

　　然而，有些哲学家认为范·因瓦根关于成功论证的标准是错误的。比如，莎拉·麦格拉斯（Sarah McGrath）和汤姆·凯利（Thomas Kelly）在一篇文章中指出,有些论证在原则上不可能有对应的理想听众,根据范·因瓦根的标准,这些论证不可能是成功的论证。但莎拉·麦格拉斯和汤姆·凯利(2017)认为,没有理想听众的论证仍可能是成功的论证。考虑这样一个哲学论证:它是显然演绎有效的(transparently valid),并且大家都知道它的每个前提为真,并且其结论是一个积极的、具有实质性内容的哲学主张。① 它可称之为"典型的成功论证"。但这个论证却没有理想听众,因为理想听众无法在听到这个论证之前对其结论保持中立。具体言之,理想听众是逻辑上全能的人,一眼就能看穿一个显然演绎有效的论证是不是演绎有效的。因此,如果他们知道一组命题,就一定会相信这组命题逻辑上蕴含的任何命题。

然而,范·因瓦根可以通过区分逻辑上的敏锐和心理上的敏锐来回应这一反驳。逻辑上高度敏锐的人能够一眼看穿"p,q,因此,r"这个论证是不是演绎有效的,但不一定能将 p 与 q 放在一起考虑。要把 p 和 q 联系起来,放在一起考虑,需要心理上的敏锐。范·因瓦根可以进一步规定:理想的听众只在逻辑上是高度敏锐的,但在心理上不是高度敏锐的。因此,即使他们知道 p,也知道 q,也不一定把 p 与 q 放在一起考虑,看 p 和 q 逻辑上有哪些蕴含。即使"p,q,因此,r"这个论证是演绎有效的,在把 p 与 q 放在一起考虑之前,他们也不一定相信 r。(参见我的英文论文 Hu 2017)

莎拉·麦格拉斯和汤姆·凯利会说这一回应不成立,因为范·因瓦根说理想听众有无限的时间可供支配,并有超常的耐心。既然如此,理想听众在理想辩论者提出"p,q,因此,r"这个论证之前,就有足够的时间和耐心把任意两个或更多命题(包括 p 与 q)放在一起考虑,看这些命题逻辑上有哪些蕴含。的确,命题有无限多,任意两个命题之合取的逻辑蕴含也有无限多,但理想听众有无限的时间可供支配,并有超常的耐心,对他们来说不是问题。

这一反驳并不难处理。范·因瓦根可以对理想听众再增加一个条件:从他们在理想辩论中充当听众的那一刻起,他们才会被赋予无限的时间和超人

① 消极的哲学主张是否定性的,比如基于好理由的正确看法不一定是知识。积极的哲学主张则是肯定性的,比如知识是基于好理由的正确看法。没有实质内容的主张是"如果 p,那么 p"、"不是 p,就是非 p"这种逻辑真理。像"知识是基于好理由的正确看法"这类哲学命题是具有实质内容的主张。

的耐心。在辩论之前，他们并没有无限的时间。这个限制虽然使得理想的听众不再那么理想，但并没有使他们的理性或逻辑能力降低。因此，范·因瓦根不需要修改他的核心观点。（参见 Hu 2017）

六、哲学怀疑主义

范·因瓦根注意到他的标准会导致哲学怀疑主义：就已经提出的哲学论证而言，几乎没有一个哲学论证是认知上成功的。[①] 具体言之，如果一个论证连续几十年不能说服现实中许多第一流相关专家，那么在理想环境中，面对理想辩论者的质疑，它也很可能不能说服来自我们这个时代和文化的理想听众，因此很可能是一个不成功的论证。就已经提出的哲学论证而言，几乎没有一个哲学论证能连续几十年说服现实中绝大多数第一流哲学家：每个著名哲学家的论证都遭到其他著名哲学家的质疑。因此，在理想环境中，面对理想辩论者的质疑，很可能几乎没有一个哲学论证会说服来自我们这个时代和文化的理想听众。所以，很可能几乎没有一个哲学论证是认知上成功的论证。

哲学怀疑主义并不惊世骇俗，因为它与"哲学就是一堆废话"或"哲学就是理智的自慰（intellectual masturbation）"这些流行的观点很契合。然而，哲学怀疑主义很难解释为什么有些哲学论证比另一些哲学论证在认知上更好。考虑以下两个论证：

---

① 范·因瓦根说有些少数的例外，比如埃德蒙德·盖梯尔对传统知识定义的反驳，但这个论证的结论是消极否定的主张，不是积极肯定的、具有实质内容的主张。范·因瓦根认为，对于积极肯定且具有实质内容的哲学主张，没有论证是成功的。对于消极否定的哲学主张，绝大多数哲学论证也都是不成功的。

1. 对于我为什么看到了其他人,可以有两个解释:(a) 其他人真实存在,而我的感官是可靠的;(b) 其他人并不存在,我是被超级电脑控制的缸中之脑,看到的一切都是虚幻的。①	1. 如果我看不到 x,那么 x 不存在。
2. 我没有好的理由相信(a)比(b)更正确。	2. 我看不到他人的心灵。
3. 如果我没有好的理由相信(a)比(b)更正确,那么我不知道其他人是否真实存在。	3. 因此,他人的心灵不存在。
4. 因此,我不知道其他人是否真实存在。	

　　左边的论证似乎比右边的论证更好(从纯粹的认知角度看)。但根据范·因瓦根的标准,两个论证都是失败的论证,我们无法说哪个论证更好(因为与右边的论证相比,左边的论证似乎不会更能说服来自我们这个时代和文化的理想听众)。我认为这是对范·因瓦根标准的一个严重挑战。

　　有人可能会替范·因瓦根辩护说:虽然左右两边的论证都是不好的,但右边的论证比左边的论证更不能说服理想听众,因为右边的论证显然有问题(第一个前提错了,因为"我看不到氧气,但氧气依旧存在"),而很难看出左边的论证错在哪里。然而,这个辩护并不能成立。首先,我们需要区分"我们很难看出左边的论证错在哪里"与"理想听众很难看出左边的论证错在哪里"。即使前者为真,也不意味着后者为真。其次,我们需要注意到,"S 觉得一个论证没有任何说服力",并不一定意味着"S 很容易看出这个论证错在哪里"。因此,"理想听众很难看出左边的论证错在哪里"与"对于理想听众,左边的论证没有任何说服力"这两个命题可以同时为真。根据范·因瓦根的观点,如果两个论证都缺乏任何说服力,那么它们是同等失败的论证。

---

① 这里在宽松的意思上使用"看到"一词。

七、余　论

　　我个人关于好论证之标准的看法，先后发生多次变化。现在我认为知识主义和理性主义（包括范·因瓦根的客观主义版本的理性主义）都是错误的。在最近撰写的一篇论文里，我试图提出一个新理论：当我们做一个哲学论证时，我们确实希望帮助听众获得对结论的合理信念或知识。但我们也有另一个目标：我们希望听众发现我们的论证是富有洞见的，可以帮助他们加深对相关重要理论的理解。因此，一个论证即使无法帮助听众获得对结论的合理信念或知识（因为听众不相信其前提），也可能是认知上好的论证，因为它可以用来帮助听众理解一个重要的相关理论。理解是分程度的，理论的（认知）重要性也是分程度的。在其他条件相同的情况下，如果 A1 这个论证比 A2 这个论证能让我们更好地理解某个重要的相关理论，那么 A1 比 A2 在认知上更好。在其他条件相同的情况下，如果 A1 能让我们理解某个重要的相关理论 T1，A2 能让我们理解另一个重要的相关理论 T2，而 T1 比 T2（在认知上）更重要，那么 A1 比 A2 在认知上更好。

　　从理解这个角度去评估一个论证，并不否定从知识或合理的信念角度去评估一个论证，只是提出一个认知上好论证的充分条件。这个充分条件可以避免哲学怀疑主义。如果从范·因瓦根的方向发展，它也可以避免相对主义。

参考文献

Feldman，Richard（1994）. Good Arguments. In Frederick F. Schmitt（ed.）, *Socializing Epistemology: The Social Dimensions of Knowledge*. Rowman & Littlefield，159 – 188.

Goh，Esther & Choo，Frederick（2022）. Addressing Two Recent Challenges to the Factive Account of Knowledge. *Synthese* 200（6）:1 – 14.

Goldman，Alvin I.（2003）. An Epistemological Approach to Argumentation. *Informal Logic* 23（1）.

Hu，Xingming（2017）. Must a Successful Argument Convert an Ideal Audience? *Argumentation* 31（1）:165 – 177.

Lumer，C.（2005）. The Epistemological Approach to Argumentation. *Informal Logic* 25(3).

McGrath，Sarah & Kelly，Thomas（2017）. Are There any Successful Philosophical Arguments? In John A. Keller（ed.），*Being，Freedom，and Method：Themes From the Philosophy of Peter van Inwagen*. Oxford University Press UK.

Moore，George Edward（2013），*GE Moore：Selected Writings*. Thomas Baldwin（ed.）. Routledge.

Singh，S.（1997）. *Fermat's Enigma：The Epic Quest to Solve the World's Greatest Mathematical Problem*. Anchor.

Sorensen，Roy A.（1991）. 'P，therefore，P' without Circularity. *Journal of Philosophy* 88（5）:245 – 266.

Van Inwagen，P.（2006）. *The Problem of Evil*. Oxford University Press.

附 录 三

分章练习题参考答案

以下参考答案由樊岸奇提供。读者可尝试给出更好的答案。

第一章习题

一、论证：他说话时眼神飘忽、眉毛上扬；而他眼神飘忽、眉毛上扬的时候总在撒谎；所以，他在撒谎。（这段话在论证他在撒谎，给出了相信他在撒谎的理由，用来使人相信他在撒谎。）

解释：他在撒谎，因为他不想让她知道真相。（这句话在解释为什么他在撒谎，用来使相信他在撒谎的人理解为什么他在撒谎。）

解读：他的神态表明，他在撒谎。（这句话在解读他的神态。）

二、洛克认为，个人同一性与物理特征无关，一个过去的人甲和一个未来的人乙在数量上是同一个人，当且仅当乙有甲的记忆。假设王子和鞋匠交换了记忆，那么现在有着王子的记忆和鞋匠的身体之人是王子，有着鞋匠的记忆和王子的身体之人是鞋匠。

三、原子论证：

1. 张三立定跳远不能及格。

2. 通过体测要求立定跳远及格。

3. 因此，张三无法通过体测。

（这个论证中的前提相互独立，没有前提用来支持其他前提，所以是原子论证。)

复合论证：

1. 张三立定跳远不能及格。

2. 通过体测要求立定跳远及格。

3. 因此，张三无法通过体测。

4. 毕业要求通过体测。

5. 因此，张三无法顺利毕业。

(这个论证由两个原子论证组成，其中一个原子论证的结论是另一个原子论证的前提，所以是复合论证。)

四、在欧氏空间内任意作一个三角形 ABC，过点 A 作一条线平行于线 BC，延长线段 BA，标记∠1 和∠2 如下图。

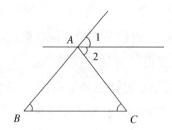

1. 在欧氏空间内，∠1＝∠B(平行线性质定理)

2. 在欧氏空间内，∠2＝∠C(平行线性质定理)

3. 所以，在欧氏空间内，∠BAC＋∠B＋∠C＝∠BAC＋∠1＋∠2(由 1 和 2)

4. 在欧氏空间内，∠BAC＋∠1＋∠2＝180°(平角定义)

5. 所以，在欧氏空间内，∠BAC＋∠B＋∠C＝180°(由 3 和 4)

6. 所以，在欧氏空间内，三角形内角和总为 180°(由 5)

五、段落 a、b 和 c 不包含论证，因为其中的句子之间没有前提和结论的关系。段落 d 包含论证，因为其中的句子之间有前提和结论的关系。结论是："这些对象必须作为理想的、无变化的东西存在于一个超越感觉经验的非物质的世界中。"这句前面的部分都是支持这个结论的前提。

第二章习题

一、循环论证是有效论证。循环论证中存在与结论重复的前提,所以该前提和结论的否定不可能都为真。有效论证的标准是,前提能够推得出结论,即前提和结论的否定不可能都为真。因此,循环论证都是有效的。

二、Sound argument 不一定是好论证。好论证有三个必要条件:前提为真、推理有效、非循环。Sound argument 满足前两个条件,但可能是循环论证。例如,"前面有一棵树;它的叶子是绿色的;所以前面有一棵树"是 sound argument,但不是一个好论证。

三、前提为假的论证不一定是无效论证。例如:太阳是宇宙的中心;如果太阳是宇宙的中心,那么地球围绕太阳转;因此,地球围绕太阳转。这个论证的前提"太阳是宇宙的中心"为假,但推理有效,因为"太阳是宇宙的中心""如果太阳是宇宙的中心,那么地球围绕太阳转""并非地球围绕太阳转"这三个命题不可能同时为真。

四、段落 a 可以看作一个论证,结论是"对我来说,把研究扩展到哲学中很重要",后面的部分都是支持这个结论的前提。段落 a 也可以看作一个解释,解释的是为什么"把研究领域扩展到哲学对我来说是重要的"。

段落 b 包含一个论证。结论是"乔治·索罗斯深受其导师卡尔·波普尔的影响",前提是"谈到波普尔,索罗斯说:'他的著作和思想深深影响了我。我曾以为自己的哲学思想是重要的、具有创新性的,我想将这些思想写出来。但我现在意识到,那些思想基本只是对波普尔思想的转述。'"

段落 c 可以看作一个论证,结论是"这是一种学术界的'意识形态'",前面的部分都是支持这个结论的前提。段落 c 也可以看作一个诠释(interpretation),诠释了"学术界的'意识形态'"是什么。

段落 d 不包含论证,因为其中的句子之间没有前提和结论的关系。它可以看作一个诠释，诠释了什么是"低级意识形态"和"高级意识形态"。

五、支持这个观点的论证：

1. 中国学者学术研究的首要目标是促进中国的发展。

2. 如果中国学者学术研究的首要目标是促进中国的发展，那么中国学者必须先把成果发表在中文期刊上。

3. 因此，中国学者必须先把成果发表在中文期刊上。

这个论证不够好，因为两个前提都不够合理。前提1预设的原则是，一个国家的学者学术研究的首要目标是促进本国的发展。如果每个国家都秉持这个原则，我们就不能很好地借助国外学者的学术成果促进我国发展，因为别人的成果要优先服务他们自己的国家。但这不是我们希望的；我们希望中国高质量地发展，所以我们希望能很好地借助国外学者的学术成果促进我国发展。因此，前提1预设的原则并不合理。每个国家的学术研究都应该同等地促进本国和世界的发展。

前提2不合理是因为"中国学者必须先把成果发表在中文期刊上"这个要求可能会阻碍中国学者的学术研究高质量地实现"促进中国的发展"这一目标。具体言之，这个要求可能阻碍中国学者的成果更多地向世界传播、经国际学界检验，从而成为受各国专家认可的成果，增强中国文化软实力。这个要求还可能使中国学者忽视国际社会关注但在国内缺乏关注度的问题，因此回避与国际学界的交流竞争，从而阻碍中国学术国际影响力的发展。

六、我不同意这个观点。一个本科生对哲学比对其他学科更感兴趣，但她不一定应该主修哲学。论证如下：1. 一个本科生应该主修某专业，当且仅当她主修这个专业会带来最好的结果。2. 对哲学最感兴趣的本科生主修哲学不一定会带来最好的结果。3. 因此，对哲学最感兴趣的本科生不一定应该主修哲学。前提1中"最好的结果"可以理解为"让自己最快乐，并且最大程度促进他人的幸福"。

前提2例如：本科生小王对计算机科学和哲学都很感兴趣，只是对哲学的兴趣多一点点。可靠的前辈告诉她，她在计算机方面很有天赋，未来有机会做出有意义的成果，但在哲学方面缺乏天赋。另外，小王偏好从事高薪工作，她的家人也期待她从事高薪工作；计算机专业在薪资方面比哲学专业好。综合兴趣、能力和就业薪资，主修计算机而不是哲学（她或许可以辅修哲学）会让小王更快乐，让她的家人更高兴，甚至未来她的研究成果会促进更多人的幸福。在这种情况下，小王虽然对哲学比对其他专业更感兴趣，但主修哲学不会（至少不一定会）带来最好的结果。

第三章习题

一、用 1 表示真，0 表示假。比如 p＝1 的意思是命题 p 为真；p＝0 的意思是命题 p 为假。

论证一：当 r＝1，p＝1 时，p∨q，p，q→r，r 都为真。所以，论证一形式无效。

论证二：当 p↔q＝1，¬p＝1，q∨r＝1，t∧¬s＝1 时，p＝0，q＝0，r＝1，t＝1，s＝0，则 r→s＝0。即（p↔q，¬p，q∨r，t∧¬s）与（r→s）矛盾。所以，p↔q，¬p，q∨r，t∧¬s，r→s 不能都为真。所以，论证二形式有效。

二、论证重写如下：

1. P→Q∨R
2. S→¬Q
3. R→¬S
4. ∴ S→¬P

判断这个论证是否有效即判断 P→Q∨R，S→¬Q，R→¬S，¬（S→¬P）能否都为真，即判断¬P∨Q∨R，¬S∨¬Q，¬R∨¬S，S∧P 能否都为真。

当（S∧P）＝1，（¬S∨¬Q）＝1，（¬R∨¬S）＝1 时，S＝1，P＝1，Q＝0，R＝0，则（¬P∨Q∨R）＝0。

即（¬S∨¬Q，¬R∨¬S，S∧P）与（¬P∨Q∨R）矛盾。

所以，¬P∨Q∨R，¬S∨¬Q，¬R∨¬S，S∧P 不能都为真。

所以，P→Q∨R，S→¬Q，R→¬S，¬（S→¬P）不能都为真。

所以，上述论证是有效的。

三、（1）必然为真的条件句，不可能出现"p 为真，但 q 为假"的情况。例如，如果某人是光头，那么这个人没有头发。

（2）表达规律的条件句，现实世界中通常不会出现"p 为真，但 q 为假"的情况。例如，如果 x 有速度，那么 x 的速度不超过光速。

（3）表达偶然假设的条件句，现实世界中可能会出现"p 为真，但 q 为假"的情况。例如，如果向着流星许愿，那么愿望会成真。

四、命题$(p \rightarrow q) \leftrightarrow (\neg p \vee q)$为真。

$p \rightarrow q$ 为真，当且仅当"p 为真，q 为真"或"p 为假，q 为假"或"p 为假，q 为真"。

即，$p \rightarrow q$ 为真，当且仅当 p 为假，或 q 为真。

即，$(p \rightarrow q) \leftrightarrow (\neg p \vee q)$。

第四章习题

一、当我们做出"p，因此，q"这个论证时，我们断言了 p 为真、q 为真，并且 p 是 q 的原因。但当我们说"如果 p，那么 q"这个条件句时，我们没有断言 p 为真，只是断言"如果 p，那么 q"为真。即使 p 为假，"如果 p，那么 q"也可能为真。比如"如果我爸妈没有生下我，那么我不存在"。

"如果你不锻炼，而且吃太多，那么你会变胖。"不是一个论证，而是一个条件句。因为当我们这么说时，我们没有断言"你不锻炼，而且吃太多"。就算"你不锻炼，而且吃太多"为假，这个条件句也可能为真。

二、一个重构是好的，仅当：(1) 它尊重了文本（不包含与文本相矛盾的内容，或文本完全没有暗示过的内容），并且(2) 它是厚道的（推理有效，没有多余的前提，重构的每个前提相比于其他重构的前提而言不是可以轻易驳倒的）。

一个论证是好的，仅当：(1) 它的每个前提都为真，(2) 从前提可以推出结论，并且(3) 没有一个前提是对结论的简单重复。

假设 X 是某论证的一个好重构，X 不一定是一个好论证。虽然 X 肯定是有效论证，但 X 可能有前提为假，或有前提只是对结论的简单重复。这取决于被重构的原论证的情况。

三、不同意，因为"如果文本中的原论证是无效的，但你的重构使其变为有效的，那么你的重构没有尊重文本"是错的。很多文本中的论证的形式无效是因为作者(1)为了使表述更简捷有效，省略了一些显然易见的或属于共同知识背景的前提，因此没有把每个前提都清楚地说出来，或(2)省略了一些经不起推敲的前提，为了不让人注意到它们。在这些情况下，为原论证加上省略的前提，从而把原论证重构成有效论证，并不违背它原本的意思，反而使它更加清楚，方便我们的评估。

四、重构二更好。重构一有两个问题：第一，它是无效论证，从前提推不出结论，前提和结论的否定式可以都为真。第二，前提 3 是原文完全没暗示过的内容，没有尊重原文。相比之下，重构二是有效论证，而且更尊重原文。

五、重构二更好。重构一中的原子论证 1—3 是无效的，前提 1、2 可以和结论 3 的否定式都为真。另外前提 4 似乎不是原文隐含的内容，不够尊重原文。相比之下，重构二是有效论证，而且更尊重原文。

六、文段 1 是论证。重构：

1. 一些逻辑学家质疑不矛盾律。

2. 如果一个定律被一些逻辑学家质疑，那么它是错的。（隐含前提）

3. 所以，不矛盾律是错的。

这不是一个好论证，因为前提 2 是错的。一个定律被一些逻辑学家质疑并不代表它就是错的，因为那些逻辑学家可能并没有成功驳倒它。

文段 2 是论证。重构：

主论证：

1. 对海德格尔的研究比对罗素的研究更重要。（隐含前提）

2. 约翰研究海德格尔，玛丽研究罗素。

3. 所以，约翰的研究比玛丽的研究更重要。

对前提 1 的副论证：

（1）海德格尔是比罗素更伟大的哲学家。

（2）如果 A 比 B 更伟大，那么对 A 的研究比对 B 的研究更重要。（隐含前提）

（3）所以，对海德格尔的研究比对罗素的研究更重要。

这不是一个好论证，因为包含错误的前提。主论证的前提 1 是错的，因为在对前提 1 的副论证中，前提（2）是错的：如果 B 关注的问题是当下社会更需要解决的，那么研究 B 的重要性可能不比研究 A 的低；副论证的前提（1）的对错不好说，有很多人认为罗素对分析哲学和逻辑学的贡献很大，可以被称为最伟大的哲学家之一。

文段 3 是论证。重构：

1. 中国的文化传统比美国的文化传统悠久和伟大得多。

2. 如果中国的文化传统比美国的文化传统悠久和伟大得多，那么中国学者比美国学者更了解德国哲学。（隐含前提）

3. 所以，中国学者比美国学者更了解德国哲学。

这不是一个好论证，因为前提 2 是错的，一个国家的学者了解德国哲学的程度和文化传统是否悠久和伟大关系不大，而是和这方面的学术水平关系更大。

文段 4 是论证。重构：

1. 很多中国的哲学教授认为罗素对柏拉图、亚里士多德、康德、黑格尔等伟大哲学家的思想充满了偏见和误解。

2. 如果很多中国的哲学教授认为罗素对柏拉图、亚里士多德、康德、黑格尔等伟大哲学家的思想充满了偏见和误解，那么罗素的《西方哲学史》不值得读。（隐含前提）

3. 所以，罗素的《西方哲学史》不值得读。

这不是一个好论证，因为前提 2 是错的。如果那些教授误解了罗素或对罗素有偏见，那么他们的观点不能证明罗素真的对柏拉图、亚里士多德、康德、黑格尔等伟大哲学家的思想充满了偏见和误解。即使罗素真的对柏拉图、亚里士多德、康德、黑格尔等伟大哲学家的思想充满了偏见和误解，他写的《西方哲学史》也可能是值得读的，因为阅读不同视角的解读可能会使我们更好地形成自己对哲学史的理解。

文段 5 不是论证，而是对"演绎主义"的诠释。

综合练习题参考答案

以下参考答案由樊岸奇提供。读者可尝试给出更好的答案。

习题 1

一、段落 b 包含一个论证,结论是"必然存在具有内在价值的东西",前提是"如果每个有价值的东西都只具有工具价值,那么就一定会出现无限倒退的链条:A 具有价值是因为它能带来 B,B 具有价值是因为它能带来 C,C 具有价值是因为它能带来 D……要防止无限倒退,必然存在一个东西,其价值是独立自足的"。

二、重构如下:

1. 当蠢人叙述聪明人所说的话时,他无意识地将他听到的内容转化成了他可以理解的内容。

2. 蠢人不理解聪明人所说的话。(隐含前提)

3. 所以,当蠢人叙述聪明人所说的话时,他无意识地将他不理解的内容转化成了他可以理解的内容。(由 1 和 2)

4. 如果某人将他不理解的内容转化成了他可以理解的内容,那么他的叙述永远不会准确。(隐含前提)

5. 所以,当蠢人叙述聪明人所说的话时,他的叙述永远不会准确。即,蠢人对聪明人所说的话的叙述永远不会准确。(由 3 和 4)

习题 2

一、段落 a 不包含论证，它可以看作对"本质属性"和"偶性"的诠释。段落 b 也不包含论证，它是对"超人"的诠释。

二、重构如下：

1. 一个问题是客观的，当且仅当：人们能够对这个问题的正确答案达成共识。
2. 人们不能对价值问题的正确答案达成共识。（隐含前提）
3. 因此，价值问题不是客观的。

习题 3

一、段落 a 不包含论证，它是对《英国书信集》的解读。段落 b 也不包含论证，它包含对"憎恶论证者"的诠释。

二、重构如下：

1. 过去、现在和未来的区别只是一种顽固而持久的幻觉。

2. 所有人或早或晚都会离世。（隐含前提）

3. 如果 1 和 2，那么一个人比另一个人早一点离世不算什么。（隐含前提）

4. 因此，贝索比爱因斯坦早一点离世不算什么。（由 1，2，3）

习题 4

一、段落 a 和 b 都不包含论证。

二、主论证：

1. 桌子呈现出来的某种颜色不比另一些颜色更真实。

2. 如果桌子本身具有一种特定的颜色，那么桌子呈现出来的某种颜色比另一些颜色更真实。

3. 因此，桌子本身不具有一种特定的颜色。

对前提 1 的副论证：

(1) 光线或观察角度或观察者不同，则桌子呈现的颜色都会不同。

(2) 如果(1)，那么桌子呈现出来的某种颜色不比另一些颜色更真实。

(3) 因此，桌子呈现出来的某种颜色不比另一些颜色更真实。

对副论证前提(1)的二级副论证：

a. 一个观察者从一个角度看，桌子各部分由于反射不同光线而呈现的颜色不同。

b. 一个观察者从不同角度看，桌子呈现的颜色不同。

c. 同一时刻不同观察者在不同视角看到的桌子呈现的颜色不同。

d. 同一观察角度下光线或观察者不同，桌子呈现的颜色不同。

e. 如果 a、b、c、d，那么光线或观察角度或观察者不同，则桌子呈现的颜色都会不同。

f. 因此，光线或观察角度或观察者不同，则桌子呈现的颜色都会不同。

习题 5

一、段落 a 不包含论证，它是对两种"演绎主义"概念的诠释。段落 b 也不包含论证，它是对洛克的"第一性的质"与"第二性的质"的解读。

二、主论证：

1. 笛卡尔之所以拥有关于物体的观念只有三个可能原因：要么（a）笛卡尔心灵的一种未知能力导致了他产生关于物体的观念（而实际上没有任何物体存在），要么（b）上帝在他的心灵中放入了关于物体的观念（而实际上没有任何物体存在），要么（c）物体真实存在，它们与笛卡尔感官的接触导致了他产生了关于物体的观念。

2. 原因不可能是（a）。

3. 原因不可能是（b）。

4. 所以，原因只能是（c），即物体真实存在，它们与笛卡尔感官的接触导致了他产生了关于物体的观念。

对前提 2 的副论证：

（1）笛卡尔关于物体的观念独立于他的意志而出现。

（2）如果（1），那么笛卡尔之所以拥有关于物体之观念不可能是因为笛卡尔心灵的一种未知能力导致了他产生关于物体的观念（而实际上没有任何物体存在）。

（3）因此，笛卡尔之所以拥有关于物体之观念不可能是因为笛卡尔心灵的一种未知能力导致了他产生关于物体的观念（而实际上没有任何物体存在）。

对前提 3 的副论证：

（1）如果笛卡尔关于物体的观念是上帝植入在他的心灵中的（而实际上没有任何物体存在），而且笛卡尔没有能够用来知道这一信念为假的能力，那么上帝是个骗子。

（2）但上帝是全善全能全智的，不是骗子。

（3）笛卡尔的确没有能够用来知道这一信念为假的能力。

（4）因此，笛卡尔关于物体的观念不是上帝植入在他的心灵中的。

对前提 2 副论证之前提（1）的二级副论证：

a. 笛卡尔不能控制自己关于物体的观念。

b. 如果 a，那么笛卡尔关于物体的观念独立于他的意志而出现。

c. 因此，笛卡尔关于物体的观念独立于他的意志而出现。

习题 6

一、这是一个有效论证,因为前提和结论的否定式不能都为真。证明如下:

令 P＝上帝存在,Q＝我祈祷,R＝我的祈祷会得到回应,则论证重写为:

1. ¬P→¬(Q→R)

2. ¬Q

3. ∴P

前提1等价于 P∨¬(¬Q∨R),即 P∨(Q∧¬R)。

当¬Q＝1,¬P＝1 时,Q＝0,P＝0,则 P∨(Q∧¬R)＝0。

即 P∨(Q∧¬R)与(¬Q∧¬P)矛盾。

所以,P∨(Q∧¬R),¬Q 和¬P 不能都为真。

所以,¬P→¬(Q→R),¬Q 和 P 不能都为真。

所以,论证"¬P→¬(Q→R);¬Q;∴P"是有效的。

这个论证不是循环论证,因为没有前提是对结论的简单重复。

但前提1不是必然为真。原因如下:

¬(Q→R)等价于 Q∧¬R,即,"'如果我祈祷,那么我的祈祷就会得到回应'为假"等价于"'我祈祷'且'我的祈祷不会得到回应'"。

所以,前提1说的是:如果上帝不存在,那么"我祈祷"且"我的祈祷不会得到回应"。

但这个条件句不是必然为真,因为从"上帝不存在"推不出"我祈祷",上帝不存在且我不祈祷是完全有可能的。(前提1做如下修改则必然为真:如果上帝不存在,那么"如果我祈祷,那么我的祈祷不会得到回应"。但这样修改会使原论证成为无效论证。)

综上,这个论证形式有效且不是循环论证,但前提1不一定为真,所以我认为不是好论证。

二、这段话不是论证,因为其中的句子之间没有前提和结论的关系;它是对"苏格拉底方法"的解读。

三、主论证:

1. 如果电脑能理解语言,那么(例子中)房间里的人能理解中文。

2. 房间里的人不能理解中文(虽然能通过理解中文的图灵测试)。

3. 所以,电脑不能理解语言(虽然能通过理解语言的图灵测试)。

对前提1的副论证:

(1) 电脑和房间里的人以相同的方式通过理解语言的图灵测试:根据别人设置的指令执行程序。

(2) 电脑并不拥有房间里的人没有的任何东西。

(3) 如果(1)和(2),那么"如果电脑能理解语言,那么房间里的人能理解中文"。

(4) 所以,如果电脑能理解语言,那么房间里的人能理解中文。

习题 7

一、段落 a 不包含论证,它是对分析陈述和综合陈述的诠释。段落 b 包含论证,结论是"色拉叙马霍斯的正义定义导致了矛盾:(i)正义的行为是符合权势者利益的行为和(ii)遵守权势者制定的法则是正义的,至少有一个是错的"。前提是"让我们假设色拉叙马霍斯是对的,即(i)正义的行为是符合权势者利益的行为,并且(ii)遵守权势者制定的法则是正义的。但很显然,权势者有时会犯错,要求人们遵守不符合他们利益的法则。因此,如果色拉叙马霍斯对正义的定义是对的,那么一方面,人们做符合权势者利益的事情总是正义的,另一方面,人们做符合权势者利益的事情又不总是正义的"。

二、主论证:

1. 必然存在一个不是被其他事物所推动的第一推动者。

2. 根据定义,上帝是第一推动者。

3. 因此,上帝存在。

对前提 1 的副论证:

(1) 所有在运动中的事物都是被其他事物所推动的。

(2) 世上的一些事物显然在运动中。

(3) 运动序列不能无限延伸。

(4) 如果(1)(2)(3),那么必然存在一个不是被其他事物所推动的第一推动者。

(5) 因此,必然存在一个不是被其他事物所推动的第一推动者。

对副论证的前提(1)的二级副论证:

a. 如果一个运动中的事物不是被其他事物所推动的(即自行开始运动的),那么在开始运动时它的运动同时具有现实性和潜在性。

b. 没有事物可以在同一方面同时具有现实性和潜在性。

c. 因此,所有在运动中的事物都是被其他事物所推动的。

对二级副论证前提 a 的三级副论证:

① 当潜在运动变为现实运动时，事物开始运动。

② 只有现实运动才能将潜在运动转换为现实运动。

③ 如果①和②，那么自行开始运动的事物在开始运动时既在潜在运动中又在现实运动中。

④ 因此，自行开始运动的事物在开始运动时既在潜在运动中又在现实运动中。

习题 8

一、段落 a 不包含论证，它是在解读休谟和康德对分析命题和综合命题的看法。

段落 b 包含论证，结论是“康德认为经验主义和理性主义都有根本性的错误”，前提是“这两个理论无法解释先天综合命题何以可能”“科学和数学为我们提供了关于世界的必然的、普遍的知识”“他最初版本的先验哲学把欧几里得几何和牛顿运动定律都作为先天综合命题”。

段落 c 不包含论证，它是在解读康德的“哥白尼革命”。

段落 d 包含论证，结论是“因果律为真”，前提是“仅当因果律为真时，提出能被经验证实的自然科学陈述是可能的”和“事实上人们能提出能被经验证实的自然科学陈述”。

段落 e 不包含论证。

二、我不认为所有西方哲学专业的研究生都应该阅读康德的著作，论证如下：

1. 如果所有西方哲学专业的研究生都应该阅读康德的著作，那么没读过康德著作的西方哲学专业研究生是不合格的。

2. 如果某个西方哲学专业研究生具备研究西方哲学的能力，那么她是合格的。

3. 没读过康德著作的人也可能具备研究西方哲学的能力。

4. 因此，没读过康德著作的西方哲学专业研究生也可能是合格的。（由 2 和 3）

5. 因此，并非所有西方哲学专业的研究生都应该阅读康德的著作。（由 1 和 4）

对前提 3 的可能反驳：

① 如果某人具备研究西方哲学的能力，那么她一定阅读过西方哲学史上最重要的哲学家的著作。（就像如果某人有能力研究唐诗，那么她一定读过李

白杜甫的诗；没读过李白杜甫的人不可能研究得好唐诗。）

②康德是西方哲学史上最重要的哲学家之一。

③因此，如果某人具备研究西方哲学的能力，那么她一定阅读过康德的著作。

回应反驳的前提①：

a. 使人有能力研究西方哲学的，不是特定的西方哲学知识积累或原著阅读，而是以恰当的方式训练阅读和写作西方哲学文本的能力。

b. 如果 a，那么以恰当的方式训练阅读和写作西方哲学文本的能力（用非最重要的哲学家的本文也可以恰当地训练这些能力），而没有阅读西方哲学史上最重要的哲学家的著作（不等于完全不了解这些人的理论），能使人具备研究西方哲学的能力。

c. 因此，以恰当的方式训练阅读和写作西方哲学文本的能力，而没有阅读西方哲学史上最重要的哲学家的著作，能使人具备研究西方哲学的能力。（由 a 和 b）

d. 如果 c，那么具备研究西方哲学的能力的人不一定阅读过西方哲学史上最重要的哲学家的著作。

e. 因此，具备研究西方哲学的能力的人不一定阅读过西方哲学史上最重要的哲学家的著作。（由 c 和 d）

习题 9

一、段落 a 不是论证，而是一个条件句。

段落 b 包含一个论证，结论是"持有一个好的哲学立场的关键是善于使用和构造论证"，前提是"在明确给出自己的立场之前，需要了解支持这个立场的最强论证是什么，反对这个立场的最强论证是什么，并做一个综合性的评估。理想情况下，你应该能够驳倒对你立场的反驳，并且对相反立场给出有力的反驳。不过，反驳只是另一种形式的论证"。

段落 c 不是论证，而是对最佳解释推理的诠释。

二、主论证：

1. 对于宇宙的"精密调整"现象，只有两种可能的解释：(a)它完全是偶然因素导致的；(b)它是上帝的杰作：上帝为了使宇宙适合生命生存，特意将它设计成这样。

2. 解释(b)是两种解释中更好的那个。

3. 因此，解释(b)为真，上帝存在。

对前提 2 的副论证：

(1) 解释(a)不可能是两种解释中更好的。

(2) 如果解释(a)不可能是两种解释中更好的，那么两种解释中更好的只能是解释(b)。

(3) 因此，两种解释中更好的是解释(b)。

对前提 2 副论证的前提(1)的二级副论证：

a. 如果解释(a)是两种解释中更好的，那么它的假设"宇宙的那么多属性都恰好能使生命存在纯粹是一种偶然"不会令人难以置信。

b. "宇宙的那么多属性都恰好能使生命存在纯粹是一种偶然"的假设实在令人难以置信。

c. 因此，解释(a)不可能是两种解释中更好的。

习题 10

一、段落 a 不是论证，而是对先天知识和后天知识的诠释。段落 b 包含论证，结论是"休谟断言，无论是理性还是经验，都不能为我们提供因果关系存在的证据"，前提是"我们无法观察到任何能使一个事件产生另一个事件的因果效力。我们的感知并没有给我们任何理由去相信一件事会使另一件事发生"。

二、主论证：

1. 如果我们有好的理由相信某个原则，那么这个原则要么是先天真理，要么是后天真理。

2. 归纳原则不是先天真理。

3. 归纳原则不是后天真理。

4. 因此，我们没有好的理由相信归纳原则。

对前提 2 的副论证：

(1) 如果一个原则是先天真理，那么对它的否定是自相矛盾的。

(2) 对归纳原则的否定不是自相矛盾的。

(3) 因此，归纳原则不是先天真理。

对前提 3 的副论证：

(1) 如果某原则是后天真理，那么它可以被归纳原则证明。

(2) 由(1)，如果归纳原则是后天真理，那么归纳原则可以被归纳原则证明。

(3) 待论证的结论不能作为前提证明其自身。

(4) 因此，归纳原则不是后天真理。

习题 **11**

一、主论证：

1. 如果我们有能力做某件会阻止坏事发生的事情，且这样做不牺牲任何具有同等道德重要性的东西，那么从道德上看，我们应该这样做，不这样做就是错的。

2. 把钱捐出去，而不是花在并非用于保暖的衣服上，会阻止坏事发生。

3. 我们有能力把钱捐出去，而不是花在并非用于保暖的衣服上。

4. 把钱捐出去，而不是花在并非用于保暖的衣服上，不牺牲任何具有同等道德重要性的东西。

5. 因此，从道德上看，我们应该把钱捐出去，而不是花在并非用于保暖的衣服上，不这样做就是错的。

对前提 2 的副论证：

（1）因缺乏食物、住所和医疗而遭受痛苦和死亡是坏事。

（2）如果我们把钱捐出去，而不是花在并非用于保暖的衣服上，那么我们会阻止一些人因缺乏食物、住所和医疗而遭受痛苦和死亡。

（3）因此，如果我们把钱捐出去，而不是花在并非用于保暖的衣服上，那么我们会阻止坏事发生。

对前提 4 的副论证：

（1）如果做某件事不导致任何其他同样糟糕的事情发生，做这件事本身也没有错，并且没有妨碍任何人去做任何道德上重要的善事（做这些善事至少与做那件可以阻碍坏事发生的事情一样重要），那么做这件事不牺牲任何具有同等道德重要性的东西。

（2）把钱捐出去，而不是花在并非用于保暖的衣服上，不导致任何其他同样糟糕的事情发生。

（3）把钱捐出去，而不是花在并非用于保暖的衣服上，不是本身有错的事情。

（4）把钱捐出去，而不是花在并非用于保暖的衣服上，也没有妨碍任何人去做任何道德上重要的善事（做这些善事至少与做那件可以阻碍坏事发生的事情一样重要）。

（5）因此，把钱捐出去，而不是花在并非用于保暖的衣服上，不牺牲任何具有同等道德重要性的东西。

二、下面将针对上述主论证的前提1，反驳彼得·辛格（Peter Singer）。反驳的主论证如下：

1. "捐掉很多钱以至于自己处于刚超过贫困线的境地"是一件我们有能力做到的、会阻止坏事发生的事情。

2. 这样做不牺牲任何具有同等道德重要性的东西。

3. 但并非我们应该这样做，不这样做就是错的。

4. 如果1、2和3，那么并非如果我们有能力做某件会阻止坏事发生的事情，且这样做不牺牲任何具有同等道德重要性的东西，那么从道德上看，我们应该这样做，不这样做就是错的。

5. 因此，并非如果我们有能力做某件会阻止坏事发生的事情，且这样做不牺牲任何具有同等道德重要性的东西，那么从道德上看，我们应该这样做，不这样做就是错的。

对前提1和2，我们可以采取类似辛格的论证，此处省略。

对前提3的副论证：

（1）如果从道德上看我们应该做某件事，不做就是错的，那么对我们自己而言，做这件事的代价不能太大。

（2）捐掉很多钱以至于自己处于刚超过贫困线的境地，对自己而言代价太大。

（3）因此，并非从道德上看，我们应该"捐掉很多钱以至于自己处于刚超过贫困线的境地"，不这样做就是错的。

对前提3副论证的前提（1）的二级副论证：

a. 如果对我们自己而言，做到某件事代价很大（尽管代价在道德重要性方面或许比不上这样做会带来的好处），那么即使我们没有做到这件事，也不应该受到道德上的责备。

b. 如果从道德上看我们应该做某事，不做就是错的，那么如果我们没有做到这件事，就应该受到道德上的责备。

c. 因此，如果从道德上看我们应该做某件事，不做就是错的，那么对我们自己而言，做这件事的代价不能太大。

对前提3副论证的前提（2）的二级副论证：

a. 捐掉很多钱以至于自己处于刚超过贫困线的境地，会让我们无法发展自己的兴趣爱好。

b. 如果做一件事会让我们无法发展自己的兴趣爱好，那么做这件事对我们自己而言代价太大（即使它会给社会带来更好的结果）。

c. 因此，捐掉很多钱以至于自己处于刚超过贫困线的境地，对自己而言代价太大。

习题 12

一、主论证：

1. 在体育竞赛中使用基因增强手段会导致安全问题和公平问题。

2. 在体育竞赛中使用基因增强手段会使我们远离体育竞赛的人类维度，使体育竞赛不再是一个我们钦佩自然天赋的培养和展示的地方。

3. 我们在体育竞赛中所钦佩和欣赏的重点是人类维度和人类自然天赋的展示。

4. 如果 1、2、3，那么我们应该反对在体育竞赛中使用基因增强手段。

5. 因此，我们应该反对在体育竞赛中使用基因增强手段。

对前提 2 的副论证：

（1）如果在体育竞赛中使用基因增强手段，那么体育竞赛将不再是体育竞赛，并且我们将不会钦佩使用了基因增强手段的运动员。

（2）如果体育竞赛不再是体育竞赛，并且我们不钦佩使用了基因增强手段的运动员，那么我们远离了体育竞赛的人类维度，体育和竞技比赛不再是一个我们钦佩自然天赋的培养和展示的地方。

（3）因此，如果在体育竞赛中使用基因增强手段，那么我们远离了体育竞赛的人类维度，体育和竞技比赛不再是一个我们钦佩自然天赋的培养和展示的地方。

二、下面将针对上述主论证的前提 2，反驳迈克尔·桑德尔。主论证如下：

1. 如果某种手段使我们远离体育竞赛的人类维度，使体育竞赛不再是一个我们钦佩自然天赋的培养和展示的地方，那么这种手段一定违背了体育竞赛的宗旨。

2. 在体育竞赛中使用基因增强手段不违背体育竞赛的宗旨。

3. 因此，在体育竞赛中使用基因增强手段不会使我们远离体育竞赛的人类维度，使体育竞赛不再是一个我们钦佩自然天赋的培养和展示的地方。

对前提 2 的副论证：

（1）体育竞赛的宗旨是表现得更快、更高、更强。

（2）基因增强手段使运动员表现得更快、更高、更强。

（3）如果（1）和（2），那么在体育竞赛中使用基因增强手段不违背体育竞赛的宗旨。

（4）因此，在体育竞赛中使用基因增强手段不违背体育竞赛的宗旨。

下面是站在桑德尔的角度对上述反驳的回应。反驳副论证的前提（1）：

（1）如果体育竞赛的宗旨仅仅是表现得更快、更高、更强，那么每次都能击出 600 英尺本垒打的仿生棒球运动员（即机器人）参加体育竞赛并不违背体育竞赛的宗旨。

（2）但是每次都能击出 600 英尺本垒打的仿生棒球运动员（即机器人）参加体育竞赛，显然违背了体育竞赛的宗旨。

（3）因此，体育竞赛的宗旨并非仅仅是表现得更快、更高、更强（而且也包含对真实性和自然性的要求，即要凭借运动员的人类本性能力和自然天赋而不是科技来达到更快、更高、更强）。